社会主义核心价值观教育读本

钱广荣 ◎ 主 编

北京师范大学出版集团
BEIJING NORMAL UNIVERSITY PUBLISHING GROUP
安徽大学出版社

图书在版编目(CIP)数据

社会主义核心价值观教育读本/钱广荣主编.—合肥:安徽大学出版社,2014.10(2018.7重印)

ISBN 978-7-5664-0854-9

Ⅰ.①社… Ⅱ.①钱… Ⅲ.①社会主义建设-价值论-中国-干部教育-学习参考资料 Ⅳ.①D616

中国版本图书馆 CIP 数据核字(2014)第 251336 号

社会主义核心价值观教育读本

钱广荣　主编

出版发行：	北京师范大学出版集团 安　徽　大　学　出　版　社 (安徽省合肥市肥西路 3 号　邮编 230039) www.bnupg.com.cn www.ahupress.com.cn
印　　刷：	安徽省人民印刷有限公司
经　　销：	全国新华书店
开　　本：	170mm×240mm
印　　张：	11
字　　数：	120 千字
版　　次：	2014 年 10 月第 1 版
印　　次：	2018 年 7 月第 5 次印刷
定　　价：	19.80 元

ISBN 978-7-5664-0854-9

策划编辑：朱丽琴　卢　坡　　　　装帧设计：李　军　金伶智
责任编辑：张　艳　卢　坡　　　　美术编辑：李　军
责任印制：陈　如

版权所有　侵权必究

反盗版、侵权举报电话：0551—65106311
外埠邮购电话：0551—65107716
本书如有印装质量问题，请与印制管理部联系调换。
印制管理部电话：0551—65106311

《社会主义核心价值观教育(农村党员干部)读本》
编写委员会

顾　　问：高开华

主　　编：钱广荣

编写人员：钱广荣　郭　理　赵　冰
　　　　　　吴贵春　王有炜　汪才明
　　　　　　陈晓曦　黄洪雷　邓　丰
　　　　　　朱宗友　李　涛

目 录

绪 言 ………………………………………………… 1

第一章　富强、爱国与敬业 ………………………… 7

一、富强：社会主义现代化强国的基本目标 ……… 7
二、爱国：社会主义现代化强国的核心力量 ……… 17
三、敬业：建设社会主义现代化强国的职业操守 …… 29

第二章　法治、民主与自由 ………………………… 41

一、法治：治国理政的基本方式 …………………… 41
二、民主：社会主义的生命力 ……………………… 53
三、自由：社会主义的理想追求 …………………… 64

第三章　和谐、平等与公正 ………………………… 74

一、和谐：社会主义的本质属性 …………………… 74
二、平等：社会主义的内在要求 …………………… 85
三、公正：社会主义的基本准则 …………………… 94

第四章 文明、诚信与友善 ……………………… 108

一、文明:社会主义现代化强国的重要标志 ………… 109
二、诚信:社会主义道德文明的根本 ………………… 118
三、友善:社会主义人际和谐的纽带 ………………… 130

第五章 推进社会主义核心价值观大众化 ………… 138

一、人民群众是社会历史发展的真正动力 …………… 138
二、宣传、发动和组织群众践行社会主义
　　核心价值观 …………………………………………… 144
三、在群众性精神文明创建活动中践行社会主义
　　核心价值观 …………………………………………… 159

后　记 ………………………………………………………… 167

绪 言

中国共产党第十八次全国代表大会报告强调指出,要"倡导富强、民主、文明、和谐,倡导自由、平等、公正、法治,倡导爱国、敬业、诚信、友善,积极培育和践行社会主义核心价值观"。将学习和践行社会主义核心价值观作为"扎实推进社会主义文化强国建设"的战略任务,提到全党和全国人民的面前。

社会主义既是一种理论,又是一种运动;既是一种理想,又是一种制度;也是一种价值观体系。在理论、制度和价值观上,社会主义代表人类社会发展进步的方向。倡导和践行社会主义核心价值观,旨在坚持走社会主义道路,建设中华民族共有的精神家园,努力建设社会主义现代化强国。

一

价值,是关系范畴,反映社会和人作为主体对于客体的需要及客体可以满足这种需要的"有用性"关系,对这种关系的认识和理解便是价值观。由于"有用性"的价值关系多种多样,价值观也有各种不同的形态,归属社会生活的不同领域和

> 空谈误国,实干兴邦。我们这一代共产党人一定要承前启后、继往开来,把我们的党建设好,团结全体中华儿女把我们国家建设好,把我们民族发展好,继续朝着中华民族伟大复兴的目标奋勇前进。
> ——习近平

不同的学科,如经济价值观、政治价值观、法制价值观、文化价值观和道德价值观等。

按照不同的主体来划分,可以将价值观划分为社会价值观和个人价值观,前者通过后者的接受来践行,后者在接受和践行一定的社会价值观的同时,往往又会受到其他社会价值观的影响。在每个社会,流行的价值观一般都可以分为一般价值观和核心价值观两种基本类型。一定的核心价值观体现一定社会的制度属性和时代特征,反映一定社会的上层建筑,包括观念的上层建筑的根本要求。

自古以来,每一个国家为了自身的稳定和繁荣,都会提出和倡导适合本国国情的核心价值观。这是人类社会发展进步的基本规律,也是世界各国治国理政的基本经验。

我国春秋战国时期,是奴隶制向封建制过渡的社会大变革时期,孔子创建的仁学伦理文化在旧制度"分崩离析"引发的"百家争鸣"中脱颖而出。至西汉,封建制度确立,新型地主阶级统治者根据董仲舒的谏议,提出和倡导"三纲五常"的核心价值观。"三纲",即君为臣纲、父为子纲、夫为妻纲;"五常",即仁、义、礼、智、信。"三纲五常"作为我国封建社会倡导的核心价值观,深刻地影响了中华民族数千年的传统文化,使得中国人看世界、社会和人生有自己独特的价值观体系。诸如孝悌忠信、礼义廉耻、仁者爱人、与人为善、天人合一、自强不息等,至今仍然深深影响着中国人的精神生活。而在西方社会,自古希腊开始就倡导和推行法治、民主、自由、平等的核心价值观,形成了西方特有的文化传统和价值观体系。

人类社会价值观的分野及其发展史表明,每个社会提倡和推行的核心价值观既是国情范畴,也是历史范畴。

> 历史和现实都表明,构建具有强大感召力的核心价值观,关系社会和谐稳定,关系国家长治久安。
> ——习近平

社会主义核心价值观是中国特色社会主义制度下的主导价值观。它是在历史唯物主义基本原理和方法论的指导下，在传承中华民族优秀传统文化基础上，借鉴了人类社会先进文明的有益成分，是与时俱进创新的文化结晶，反映中国特色社会主义文化的本质属性和发展进步的方向。

当代中国社会的价值观呈多元状态，有的价值观与社会主义核心价值观的价值趋向基本一致，有的则不一致，甚至截然相反。面对此种情势，需要大力倡导和践行社会主义核心价值观，发挥其对于其他价值观的梳理、主导和抵制的作用。这在根本上维系着中国特色社会主义现代化建设的前途和命运。

二

社会主义核心价值观是一个内含经济、政治、法制、文化、道德基本价值观的价值观体系。12个价值观范畴各有其独立的含义，相互之间又有着内在的逻辑关联，是一个严密的整体，可以从不同的视角和层面进行科学合理的解读。本书为便于读者理解和把握，选择从国家和社会两个相互关联的角度和层面，分析和阐述社会主义核心价值观的整体结构和精神实质。

从国家的角度和层面来看，社会主义核心价值观诉求的目标是富强与法治。这也就是要通过大力倡导以爱国主义为核心的民族精神和爱岗敬业的职业道德，实现民富国强的目标；要用社会主义法制统领社会主义民主与自由，实现依法治国的目标。概言之，在国家的角度和层面来分析和阐述社会

> 富强、民主、文明、和谐，是我国在社会主义初级阶段的奋斗目标。……实现富强、民主、文明、谐和，反映了近代以来中国历史发展的根本要求。
>
> ——胡锦涛

> 社会主义核心价值观把涉及国家、社会、公民的价值要求融为一体,既体现了社会主义本质要求,继承了中华优秀传统文化,也吸收了世界文明有益成果,体现了时代精神。
>
> ——习近平

主义核心价值观,重点就是要说明爱国、敬业与建设富强国家的逻辑关系,实行依法治国的本质要求就是要把民主、自由与实行社会主义法治有机统一起来。

从社会的角度和层面来看,社会主义核心价值观诉求的目标是和谐与文明。这也就是要通过大力推行社会主义的平等和公正原则,淡化和消解社会矛盾,构建社会主义和谐社会;通过传承和倡导诚实守信和友善待人的传统美德,应对道德领域的突出问题,营造社会主义道德文明的新风尚。

实现社会主义核心价值观在国家和社会两个层面上诉求的目标,需要依靠每个中国人的理性认识和实际行动。它要求,从认真学习和领会社会主义核心价值观的基本内涵和精神实质做起,将核心价值观的"社会之道"转化成"个人之德"。这是社会主义核心价值观对个人的目标诉求,也是社会主义核心价值观的生命力之根本所在。总体来看,全面理解和践行社会主义核心价值观,就是要把建设富强、法治的国家与建设和谐、文明的社会统筹兼顾起来,提高每个中国人的思想政治和道德素质,坚定不移地走中国特色社会主义道路,努力建设富强、法治、和谐、文明的社会主义现代化强国。

实现这样的宏伟目标将是一个相当长的历史过程,需要全国人民用社会主义核心价值观武装自己的头脑,为之共同奋斗。

三

学习和践行社会主义核心价值观,要在党的十八大报告"坚定不移沿着中国特色社会主义道路前进,为全面建成小康社会而奋斗"的主体精神指导下进行。

首先,要把学习和践行社会主义核心价值观与学习和践行社会主义核心价值体系有机结合起来。这是学习和践行社会主义核心价值观的根本途径。社会主义核心价值观是社会主义核心价值体系的内核和精神实质,体现社会主义核心价值体系的根本性质和基本特征,是社会主义核心价值体系的高度凝练和集中表达。在学习和践行社会主义核心价值观的过程中,要坚持运用历史唯物主义这个"看家本领",认识改革开放进程中出现多元价值观的必然性和倡导社会主义核心价值观的必要性,坚持开展中国特色社会主义共同理想教育,发扬以爱国主义为核心的民族精神和以改革创新为核心的时代精神,倡导爱岗敬业、诚实守信、友善待人的社会主义荣誉观。

其次,要注重理解和把握社会主义核心价值观的政治性、理论性、思想性和现实性的内在统一要求。要有政治的高度,认识到整个学习和践行活动,是为了贯彻落实党的十八大精神,坚定不移沿着中国特色社会主义道路前进,为全面建成小康社会而奋斗。要有理论的深度,真正弄懂每一个核心价值观的基本含义及其相互之间的逻辑关系,从整体上把握社会主义核心价值观的精神实质。整个学习和践行过程,要注意联系自己的思想实际,面对社会现实问题,贯彻理论联系实际的原则,力戒脱离思想和社会实际的空谈之风。

再次,共产党员和国家公务员要带头学习和践行社会主义核心价值观,在整个学习和践行的过程中发挥表率和示范作用。同时,还要组织广大人民群众一起学习和践行社会主义核心价值观,努力推进社会主义核心价值观大众化。这是共产党员和国家公务员应尽的义务和责任。

> 深入挖掘和阐发中华优秀传统文化讲仁爱、重民本、守诚信、崇正义、尚和合、求大同的时代价值,使中华优秀传统文化成为涵养社会主义核心价值观的重要源泉。
>
> ——习近平

> 要认真汲取中华优秀传统文化的思想精华和道德精髓，大力弘扬以爱国主义为核心的民族精神和以改革创新为核心的时代精神。
>
> ——习近平

人民群众作为社会历史发展的真正动力，不仅是创造社会物质财富、推动社会变革的主体力量，也是接受和创造社会精神财富的主体力量。学习和践行社会主义核心价值观，需要广泛地宣传群众、发动群众、组织群众。《社会主义核心价值观教育读本》正是为了便于广大党员干部群众学习和理解社会主义核心价值观而编写的。

≫学习思考题≫

1. 什么是价值、价值观和核心价值观？

2. 社会主义核心价值观的基本内涵和精神实质是什么？

3. 应当怎样理解学习和践行社会主义核心价值观的重大意义？

4. 学习和践行社会主义核心价值观应遵循哪些原则和方法？

第一章

富强、爱国与敬业

> 建设社会主义现代化强国的首要目标就是实现国家富强。为此,我们要继承和发扬中华民族的爱国主义传统,做忠诚的爱国者,把热爱祖国与爱岗敬业统一起来,在自己的岗位上诚实劳动,努力做好本职工作,以实际行动为实现国家富强做贡献。

一、富强:社会主义现代化强国的基本目标

"富强"作为社会主义核心价值观的第一标准,是建设社会主义现代化强国的基本价值目标,更是中国特色社会主义现代化强国的题中之意。正确理解和把握"富强"的内涵,积极确立建设社会主义现代化强国的前进道路,是学习和贯彻"富强"这一社会主义核心价值观的现实要求。

1. 富强的基本内涵

富强,顾名思义是富有而强大,亦即人民生活富裕、国家

富强,顾名思义是富有而强大,亦即人民生活富裕、国家实力强盛。

实力强盛。中共十八大提出的"三个倡导"的社会主义核心价值观中,"富强"被列于国家层面的首位。习近平同志提出的实现中华民族伟大复兴的中国梦,首先描绘了"国家富强"的美好蓝图。这都说明在我们这样的国家,实现富强有着特殊的意义。理解和把握富强的内涵必须先理解把握以下关系。

> 子适卫,冉有仆。子曰:"庶矣哉!"冉有曰:"既庶矣,又何加焉?"曰:"富之。"曰:"既富矣,又何加焉?"曰:"教之。"
> ——《论语》

一是"富"与"强"的关系。富强包含"富"与"强"两个方面。在《现代汉语词典》中,富与贫、穷相对,多指财产多、资源丰富;强与弱相对,多指力量大。一般而言,富是强的基础,强是富的保障。不以富为基础的强,因其外强中干,也终将会变弱;没有强来保障的富,因其无法自保,只能昙花一现。无数的历史事实已经证明,无论大到一个国家和民族,还是小到一个家庭和个体,如果不能辩证地看待和处理富与强的关系,只是单纯求富或者一味求强,那么这个国家、民族或家庭、个体,都会适得其反。

二是"民富"与"国强"的关系。如上所述,依据不同主体视角,富强可以理解为国家、民族的"富"与"强",也可以理解为家庭、个体的"富"与"强"。可见,"富强"概念基本包含了两大主体的价值追求:一是人民的富裕,二是国家的强盛,即民富国强。因此,富强首先在于富民,只有民富才会国强,没有民富就没有国强。中华民族自古就有的"凡治国之道,必先富民"之说说的就是这个道理。此外,富强还在于强国,体现为国家拥有巨大的经济财富和强大的综合国力,能对他国和国家秩序产生强大的影响力。可以说,只有同时实现人民富裕和国家强盛的富强才是真正的富强。

概言之,应当从两个方面把握二者的关系:

一方面,"民富"与"国强"存在明显区别。一是价值主体不同。民富的主体是人民群众；国强的主体是国家与社会。二是内涵与外延存在差别。民富指的是经济因素和财富水平，国强涵盖面广，指的是经济、政治、文化、军事、外交等多种因素及其整合的综合国力，它既有硬实力的指标，也有软实力的要求。三是实现时间不同。一般而言，使民众达到富裕容易做到，但使国家达到强盛则难以实现。由人民富裕走向国家强盛是一个艰难与漫长的奋斗过程。期间国家和社会要面临复杂形势与诸多挑战，在解决人民群众经济富裕、财产富足这些基础保障之外，还要解决政治发展、文明进步、社会和谐、军事强大、外交平衡等诸多关键问题。这一过程并非朝夕即可完成，而是需要几代人接续奋斗才能逐步实现。

另一方面，"民富"与"国强"具有统一性。一是民富与国强互为条件，相辅相成。人民富裕和国家强盛，从根本上讲是统一的。古今中外的历史证明这种统一性是成立的。中国传统文化提倡"家"、"国"一体，家是缩小的国，国是放大的家。在现代政治理念中，国家也是实现和维护个体和民族生存和发展的最重要的社会组织形式。一般而言，二者的这种统一性表现为，国家强盛是实现人民富裕的前提和基础；实现人民富裕是国家强盛的最终目标和任务。这一关系符合人类历史发展规律和唯物史观基本价值标准。二是实现民富与国强最终统一于人民群众在历史发展中的主体作用。依据唯物史观基本观点，人民群众是社会历史发展的决定性力量，广大人民群众是人类社会物质财富和精神财富的创造者。在实现民众富裕和国家强盛的过程中，必须尊重和发挥人民群众在社会财富创造方面的主体作用。东汉赵晔《吴越春秋·勾践归国外传》中提出"民富国强，众安道泰"，就表达了民富与国强的

> 易其田畴，薄其税敛，民可使富也。食之以时，用之以礼，财不可胜用也。
>
> ——《孟子》

这种和谐统一关系。

然而,民富不等于国强,国强也不一定带来民富。历史上民富与国强相背离的现象并不鲜见。一种是国强而民未富,另一种是民富而国不强。究其原因,是割裂了民富与国强的统一性。有些国家民众富裕但国力羸弱,在外部压力下终究难以永久富强。比如中国的北宋时期,曾出现社会发达、民间财富充裕的盛况,然终因秉持崇文抑武的治国理念而导致国力软弱,以至于在外敌入侵面前难以抵挡,最终沦入亡国境地。也有一些国家,片面求强求大,忽视百姓需求,在长久的竞争面前终成强弩之末。比如,美苏争霸时期,苏联貌似强大却罔顾民生,最终解体崩溃。

综上可见,国家不强盛,人民富裕难得保障;人民不富裕,国家强盛难以长久。增加国家财富的总量不是富强价值的唯一追求,富强也不单是某个人或某一社会集团特殊利益的实现,它应该包括全社会与全体人民的普遍利益的实现。

2. 富强是千百年来中华民族的不懈追求

"富强"并不是社会主义的专有概念,也不是某种社会制度特有的标签。它描述的是一个国家或社会的经济以及政治的总体状况。千百年来,富强是华夏儿女对美好家园共同的价值追求,也是近代以来一代又一代仁人志士对国家出路的殷切期盼,更是几代中国共产党人长期接力的奋斗目标。

富强之"富"的第一要素是物质财富。物质生活资料是人类生存和发展的基本条件。"一切人类生存的第一个前提,也就是一切历史的第一个前提,这个前提是:人们为了能够'创造历史',必须能够生活。但是为了生活,首先就需要吃喝住

> 凡治国之道,必先富民。民富则易治也,民贫则难治也。
> ——《管子》

穿以及其他一些东西。因此第一个历史活动就是生产满足这些需要的资料,即物质生活本身"①。物质资料及其实现是任何社会主体活动的主要动因,也是推动人类社会进步和人的全面自由发展的物质保障。从这种意义上可以说,人类社会发展史就是不断追求富强的历史。事实上,自人类产生以来,摆脱物质匮乏、创造并积累财富、实现富足与强大就成为不同社会制度及其成员的基本要求,也是最重要的要求,因为它是人类历史不断开拓进取的内在动力。虽然在人类历史的不同阶段,不同社会所依赖和表现出的社会生产方式差异明显,或刀耕火种,或农牧为本,或工业立国,或科技兴邦,但对富强这一目标的不懈追求是永恒的主题和动力。今天,我们将富强列为社会主义核心价值观的首要价值目标,表明社会主义将和人类其他社会一样,肯定并追求社会成员基本物质生活需求的不断满足,经由富强之路,最终实现中华民族伟大复兴的中国梦。

　　古代中国在追求富强道路上创造过辉煌历史。富强是自古以来中国人民的价值追求。如《礼记》提出过"小康"理想,反映了我国古人对富足、殷实生活的向往。《论语》中有"足民"即富民的主张。《管子》中有"主之所以为功者,富强也",提出了富民治国之道。中华民族为求富强,曾创造出当时全世界最先进的生产力和最辉煌的科技成就,造就了中华民族灿烂辉煌的古代文明,出现过令世人瞩目、令国人骄傲的富强国度。从西周的"成康之治",到两汉的"文景之治"、"武宣盛世",再到盛唐的"贞观之治"、"开元盛世",至今都令我们引为

> 民富则安乡重家,安乡重家则敬上畏罪,敬上畏罪则易治也。民贫则危乡轻家,危乡轻家则敢陵上犯禁,陵上犯禁则难治也。故治国常富,而乱国常贫。是以善为国者,必先富民,然后治之。
>
> ——《管子》

---

① 《马克思恩格斯选集》第1卷,人民出版社1995年版,第158页。

自豪。唐朝大诗人杜甫的诗歌《忆昔》曾描绘了"开元盛世"的富足和兴盛:"忆昔开元全盛日,小邑犹藏万家室。稻米流脂粟米白,公私仓廪俱丰实。"

近代以来,中华民族开始为寻求富强国家的出路而不断探索。虽然中华民族创造过辉煌的华夏文明,但到了明末清初,西欧各国相继由农业为主的封建社会进入以工业为主的资本主义社会之际,中国的封建社会达到鼎盛后随即走向末世。资本主义的扩张使得东方中国不可避免地卷入世界历史发展的潮流之中。自1840年鸦片战争开始,西方列强的坚船利炮敲开了贫弱中国的大门,华夏帝国既无完整的国家主权、也无统一的经济体系,最终沦落为半殖民地半封建社会。此时,曾经盛极一时的"天朝上国"不断割地赔偿以求苟安,华夏儿女内心深处的骄傲与自豪被屈辱与自卑所代替。在这种背景下,一代代先进的中国人开始"睁眼看世界",探索实现国家富强之道。从以魏源、林则徐为代表的思想家、政治家提出"师夷长技以制夷",到以张之洞、李鸿章为代表的洋务派提出"中学为体、西学为用"主张,力图王朝中兴,在一定程度上促进了中国民族工业的发展,加快了中国的现代化进程。但甲午战败后,中国地主阶级洋务派"自强、求富"的梦想灰飞烟灭。其后,以康有为、梁启超为代表的资产阶级维新派提出"变法自强",要求兴民权、开议院、行君主立宪,但面对封建势力的反扑终究昙花一现。以孙中山、黄兴为代表的资产阶级革命派又提出"振兴中华"口号,倡导三民主义,主张工商立国、实业救国。但因其阶级局限性和革命的不彻底性而归于失败。辛亥革命后的多年,国内军阀割据,百姓饱受欺凌,民不聊生。这说明,"在一个半殖民地、半封建的、分裂的中国

> 凡有地牧民者,务在四时,守在仓廪。国多财,则远者来;地辟举,则民留处;仓廪实,则知礼节;衣食足,则知荣辱;上服度,则六亲固。
> ——《管子》

里,要想发展工业,建设国防,福利人民,求得国家的富强,多少年来多少人做过这种梦,但是一概幻灭了"①。屡次失败与挫折并未停止早期先进分子寻求国家出路的努力探索,反而促使广大国人深思诸次失败的原因,开始另觅其他途径。

　　富强是中国共产党人长期的奋斗目标。中国共产党成立以后,近现代中国的求得民族独立和人民解放、实现国家富强和人民富裕的两大历史任务,不可推卸地落到了以共产党人为代表的广大劳动人民的身上。中国共产党自成立以来,把国家富强的目标写入不同时期的党章或党的代表大会报告中。在革命战争时期召开的党的七大,就在其政治报告《论联合政府》中提出,"建立独立、自由、民主、统一和富强的新中国"。社会主义建设时期召开的党的八大通过的党章中提出,把中国建设成为一个"伟大的、富强的、先进的"社会主义国家。改革开放时期召开的党的十二大通过的党章中提出,促进社会主义祖国日益"繁荣富强";党的十三大至十六大的报告中多次提出,建设"富强、民主、文明"的社会主义现代化国家;党的十七大、十八大报告进一步提出,建设"富强、民主、文明、和谐"的社会主义现代化国家。事实上,中国共产党先后领导革命群众浴血奋战,历经 28 年民主革命斗争,建立了一个独立自主的新中国,为中国走向国家富强提供了政治前提。

　　新中国成立后,中国共产党领导全国人民完成了社会主义改造,中国由新民主主义社会转变为社会主义社会,从而为国家富强道路奠定了制度基础,自此开始了轰轰烈烈的社会主义建设时期。改革开放以来,共产党人又带领中国人民开

> 是以圣人苟可以强国,不法其故;苟可以利民,不循其礼。
> 　　——《商君书》

---

① 《毛泽东选集》第 3 卷,人民出版社 1991 年版,第 1080 页。

创了令世人瞩目的改革开放伟大进程,从而进入建设富强国家的社会主义现代化建设新时期。

今天的中国比历史上任何时期都更接近于中华民族伟大复兴的宏伟目标。然而,越是接近民族复兴的历史目标,我们越应该保持忧患意识,居安思危,戒骄戒躁,清醒地看到我们面临的困难和挑战,清醒地看到我们工作中存在的矛盾和问题。党的十八大在判断当代国情时,提出了"三个没有变",即我国仍处于并将长期处于社会主义初级阶段基本国情没有变,人民日益增长的物质文化需要同落后的社会生产之间的这一社会主要矛盾没有变,我国是世界最大发展中国家的国际地位没有变。"三个没有变"的基本国情说明当代中国离民族复兴目标仍旧存在差距,党和人民在成绩和胜利面前绝不能陶醉,在困难和挑战面前务必要清醒判断。唯有如此,我们才能在建设社会主义现代化强国道路上越行越远,最终实现国家富强、民族振兴、人民幸福的中国梦。

3. 富强是建设社会主义现代化的现实要求

学习和践行社会主义核心价值观,必须把诉求的价值目标与当前社会实践、基本国情和历史任务结合起来。中国最大的国情就是我国处于并将长期处于社会主义初级阶段,最大的任务就是实现中华民族的伟大复兴,最大的实践就是建设中国特色社会主义现代化事业。

实现中华民族伟大复兴的过程,也是实现建设社会主义富强国家的过程,将富强这一核心价值诉求转变成价值事实的过程。在这一过程中,富强的价值理念不同程度地渗透在经济、政治、文化和生态建设等各个层面,直接或间接地推动

> 故非特崇仁义无以化民,非力本农无以富邦也。
> ——《盐铁论》

物质文明和精神文明的建设,具有不可替代的积极作用和重要意义。因此,必须正确理解和把握实现富强的现实要求。

首先,解放和发展生产力为实现富强国家奠定了物质基础。践行富强价值观的关键在于推动生产力的发展。要认识到"三个没有变"的基本国情,只有依靠发展来解决当前存在的问题和各种前进中产生的问题。经济社会是否发展、发展效果如何,将是解决当前中国两极分化、社会矛盾、生态危机等诸多问题的关键。为此,我们必须坚持解放和发展生产力,把中国特色社会主义事业做大做强,增强社会主义国家的综合国力,扩大中国特色社会主义国家在世界上的影响力,为全面建成小康社会、逐步实现人的全面发展奠定坚实的物质基础。

其次,走向共同富裕是实现富强国家的价值目标。富强虽然是人类社会不同国家与民族的共同追求,但是作为社会主义核心价值观的富强,与其他社会制度推崇的富强有着制度属性的差别。它既非封建主义的,也非资本主义的,而是社会主义的。具体说来,它是在中国特色社会主义的历史进程和时代背景下的价值理念和标准。社会主义与人类历史上的剥削性质社会的最大区别就是社会主义的本质要求实现共同富裕。这种富强观,不是少数人极端富裕而多数人仍然贫穷,也不是全体人民的绝对平均主义或毫无差别的同等富裕。在我国社会主义社会制度下,人与人之间的贫富差距应保持在一种可控的合理范围内。邓小平提出要把是否造成两极分化看作衡量中国特色社会主义改革成功与否的标准。他曾指出:"如果导致两极分化,改革就算失败了。"[①]为把中国建设成

> 民智者,富强之源也。
> ——严复

---

① 《邓小平文选》第3卷,人民出版社1993年版,第139页。

为富强的社会主义国家,需要我们花大力气解决如何推动走向共同富裕的重大的时代课题上。

再次,坚持科学发展理念为实现富强国家提供了指导方法。改革开放以来,党和国家高度重视国家发展问题,将科学发展作为解决中国一切问题的关键。为此,邓小平提出"发展才是硬道理"的著名论断。新世纪新阶段,我国已经处于一个新的历史起点上:一方面我国经济社会实现了历史性的跨越,总体上达到小康水平;另一方面我国发展不平衡的矛盾日益尖锐,社会利益关系日益多样化,城乡、区域、经济社会发展之间的不协调状况凸显。如在经济建设过程中,人们过分追求经济效益,恣意破坏自然生态来实现经济增长的现象屡见不鲜。为了保持我国经济社会发展的良好态势,解决发展中出现的深层次矛盾和问题,党和国家提出了科学发展的理念,强调发展必须坚持以人为本,必须坚持全面协调可持续,必须坚持统筹兼顾。只有坚持科学发展理念,促进社会和谐,为人的发展创造良好的物质基础,才能实现中国人民生活富裕、国家真正强大的目标。

最后,坚持和平发展道路为实现富强国家提供了外部环境。在国际舞台上,国力强盛是保护国家权益、维护国际秩序的重要保障。当今世界,各国都在致力于增强本国的综合实力。随着中国经济社会的发展、综合国力的提高,西方某些国家大肆渲染"中国威胁论",影响中国未来发展的外部环境。长期以来,中国政府始终坚持改革开放、独立自主和和平发展的原则,表示永不称霸,与其他国家一道建设和平发展的世界。当然,我们的和平发展、不称霸不是无所作为,而是与世界上其他国家、地区一起共同努力,促进世界多极化、经济全

> 欲攘外,亟须自强;欲自强,必先致富。
> ——郑观应

球化、文化多元化和发展模式多样化,共同推动世界政治经济秩序的改革和建设。中国在国际事务中积极发挥负责任大国的作用,为维护世界和平、促进共同发展承担应尽的责任。

二、爱国:社会主义现代化强国的核心力量

建设中国特色社会主义的富强国家,实现中华民族伟大复兴的中国梦,必须弘扬中国精神。中国精神就是以爱国主义为核心的民族精神,以改革创新为核心的时代精神。在社会主义新时期,爱国主义成为建设社会主义现代化强国的核心力量。每一个公民都应该继承和发扬这一传统,做忠诚的爱国者。

1. 爱国与爱国主义

爱国,含有热爱祖国、忠于祖国、报效祖国的意思,指的是国民对于自己祖国的深厚情感以及所具有的国家意识、爱国觉悟和爱国行动。每一个人来到这个世界,都要在社会中生存,都要获取生存发展的物质条件,都要寻求慰藉心灵的精神家园,这一切首先得之于自己的祖国。一旦失去祖国母亲的呵护,人们就沦为无家可归的"流浪儿"。爱国作为对祖国母亲的最好报答,是每一个人都应当自觉履行的责任和义务。

爱国思想与行为的系统化和意识形态化就是爱国主义。列宁说过,爱国主义是千百年来固定下来的对自己祖国的一种最深厚的感情,突出了爱国主义的感情基础。其实,爱国主义既是人们对自己祖国的伟大情感,也是人们对国家忠贞不渝的坚定信念,还是人们发自内心的、对祖国的一种高度的责

> 爱国,含有热爱祖国、忠于祖国、报效祖国的意思,指的是国民对于自己祖国的深厚情感以及所具有的国家意识、爱国觉悟和爱国行动。

任感,更是激发人们自强奋发、努力工作、拯救国家、为民族争光的强大动力。

爱国主义的含义,包含以下几个层面:其一,爱国主义是对自己祖国的挚爱之情,表现为对祖国的无限热爱和忠诚。以此为基础,爱国主义才会升华到对个人与祖国的血肉相连关系的理性认识,产生一种深切的信念和责任感,成为一种精神支柱,转化为巨大的力量,使人们自觉地以实际行动来报效祖国。其二,爱国主义是调整个人与国家、民族关系最基本的道德规范。它强调国家利益高于一切,个人利益服从国家利益,国家和政府要为个人利益的实现提供保障。其三,爱国主义是衡量人们思想行为的政治原则。自古以来,一个人是否热爱和忠于自己的祖国,不仅是一个道德品质问题,也是一个政治觉悟问题。因此,爱国主义成为判断一个人、一个阶级、一个政党是非功过和历史地位的重要尺度。其四,爱国主义是一种法律要求。爱国主义作为一种内心信念和自觉行动,不仅仅是道德要求和政治原则,也是一种重要的法律规范。世界各国都以宪法这种根本大法的法律形式对公民的爱国要求做明确的规定。

总之,每个国家所倡导的爱国主义体现的都是公民对自己祖国的深厚感情,反映的是个人对祖国的依存关系,是人们对自己故土家园、民族和文化的归属感、认同感、尊严感与荣誉感的统一。它是调解人与祖国之间关系的道德要求、政治原则和法律规范的有机统一。在我国,爱国主义作为民族精神的核心,是建设社会主义现代化强国的最为宝贵的精神财富。

> 邦有道,贫且贱焉,耻也;邦无道,富且贵焉,耻也。
> ——《论语》

2.爱国主义的基本要求

自人类历史上产生国家以来,爱国主义就成为全人类共同高举的一面旗帜。但是,不同历史时期,不同国家、民族和阶级的人们对爱国主义的理解、阐释也有许多不同之处,因此,要做一名坚定的爱国者,就需要明白爱国主义的基本要求。

第一,爱国主义是爱故土、爱人民、爱民族文化和爱国家的统一。爱国主义是人们对祖国的热爱。"祖国"的起始含义就是列祖列宗们的共同生活区域,也就是东方文化所讲的"父母之邦"。当然,现代意义上的祖国不仅指地理性的区域,它还表现为处于一定社会历史阶段、一定区域内的国民赖以生存和发展的社会环境条件的统一。因此,爱国主义的内容至少含有四层意思:即自然要素的故土家园;社会要素的骨肉同胞;历史因素的传统文化;政治要素的国家政权。

爱国主义首先要爱故土家园。从自然因素看,地理环境是一个民族和国家赖以存在和发展的基本前提。失去了地理环境,一个民族和国家将无法立足。从政治方面看,故土家园涉及领土和主权问题。世界上任何国家对于主权问题都会毫不含糊。从生态和谐角度看,和平时期的爱国还要把祖国大好河山保护好、建设好。毋庸讳言,中国这片国土相比而言也存在一些不尽如人意之处,如山地与高原比例偏高,自然灾害多发,人均占有资源相对不足。这些不足之处激励起的恰恰是国人的忧患意识、危机意识、责任意识。每一个爱国者必将把热爱和建设家乡、维护祖国领土完整统一作为自己的神圣使命和责任。

> 以家为家,以乡为乡,以国为国,以天下为天下。
> ——《管子》

爱国主义集中表现为爱骨肉同胞。对自己骨肉同胞的爱,反映的是对整个民族利益共同体的自觉认同。从历史上看,国家是由民族构成的,民族是生活在共同的地域空间,讲着共同的语言,具有共同的生活方式、风俗习惯和文化心理的人的共同体。这些有着血统、文化和历史渊源的人们是国家的主体。在当代中国,热爱自己的骨肉同胞,是指热爱整个中华民族大家庭中的所有成员,是指爱广大的人民群众。在今天的时代环境下,对人民群众感情的深浅程度就成为检验一个人对祖国忠诚程度的试金石。

爱国主义离不开爱本民族灿烂文化。文化之于一个民族,好比羽毛之于孔雀,又好像血液之于人体。当今世界上的每一个人都隶属于某种文化,从出生起就留有本民族文化的"胎记"。爱国必定要爱本民族文化。中华民族文化作为世界上最为悠久的文化之一,对世界文明有着重要贡献。但是自近代以来,中华民族传统文化在与西方文化比较之时显出衰势,表现为与现代文明和社会制度的诸多不适应。有人开始对本民族传统文化产生怀疑,产生民族虚无主义。对此我们应当历史、辩证地去看待。今天国人既要为中华民族古代灿烂文化而自豪,也要正视近代民族所受欺凌而不自卑,更要为实现中华民族伟大复兴而充满自信。

爱国主义必然要求爱自己的国家。爱祖国不是抽象的,而是具体的。一方面,祖国的大好河山、自己的骨肉同胞、民族的灿烂文化,都是同具体的国家联系在一起的。历史上的任何国家都表现为一定制度的国家,一个国家在其历史发展的不同阶段也表现为不同的制度类型,世界上从未有过抽象的、不依赖于任何制度的国家。既然国家是特定的、具体的,

> 苟利国家,不求富贵。
> ——《礼记》

是与一定的社会制度联系在一起的,那么爱国就必然表现为爱国家的社会制度。另一方面,也要看到爱国主义与社会制度之间的矛盾关系。即在存在着阶级剥削和压迫的社会,爱国主义是分裂的、有局限的,是缺少广泛的代表性和一致性的。在这种社会里,爱国主义的阶级性就更加突出,社会各阶级的分裂会直接导致爱国主义的分裂。正确认识以上两方面,就要求我们既不能错误地认为爱国家就是爱祖国,而放弃对故土、人民和文化的爱;也不能只讲对故土、人民和文化的爱,而不讲对国家的爱。实际上,爱国家是爱祖国的必然政治要求。

需要指出的是,爱国主义是一个历史范畴,我们所提倡的爱国家并非不问国家的阶级属性和进步与否,盲目地爱任何性质的任何国家,而是提倡去爱属于自己祖国的、由先进阶级统治的、合乎生产力发展要求的进步国家。现阶段,新时期的爱国主义就是要爱社会主义中国。理解这一点要看到两方面:其一,社会主义社会虽有阶级存在,但阶级矛盾越来越趋向缓和。剥削阶级作为一个阶级已经不存在,社会矛盾大量地表现为人民内部之间的矛盾,因此可以在较大程度上实现阶级性与人民性的统一,这就使得我国现阶段的爱国主义具有较之以前更为广泛的基础。其二,现阶段的爱国主义不可避免地带有社会主义初级阶段的特征。城乡差距、区域差距、脑体差距仍然存在,城乡矛盾、地区矛盾、贫富矛盾日益明显,党群关系、干群关系在有些地方、有些领域尚显紧张,这将导致部分群众的爱国热情受到一定程度的影响。但这种状况只有随着我国经济社会的发展和社会主义制度的逐步完善才能得到改善。

第二,爱国主义是由爱国情感升华到爱国觉悟、爱国行为

> 长太息以掩涕兮,哀民生之多艰。
> ——《离骚》

的过程。从认识论的角度看,爱国主义是一个从个体情感到思维观念,再转变为具体行为模式的由浅至深、由低到高的过程。一个真正的爱国者,不仅要有爱国的情感、爱国的觉悟,还必须有爱国的实际行为。

爱国主义首先表现为对祖国的一种深厚情感。爱国情感是人们对祖国这个社会共同体的一种直接感受和情绪体验,具有强烈的感染力、激发力。它虽然是朴素的情绪化的主体感受,不具有系统化的理论形式,却是树立爱国主义精神最初的和基础性的心理发展阶段。但是,肯定爱国情感的基础性作用,绝对不是将爱国主义仅仅停留在一种非理性情感上,而是要升华为一种理性的爱国主义观念,进而使理性的爱国主义思想观念转化为具体的爱国主义行动。这种理性的爱国主义观念来自于对朴素的爱国主义情感的理性反思。在现实生活中,它往往与朴素的爱国主义情感交织在一起,共同对人们的爱国主义行为起作用。

爱国觉悟是爱国主义精神的理性升华。爱国觉悟是人们对祖国的历史、现状、国际关系以及个人与祖国的关系的一种科学的、理性的认识,它常常以某种观念、思想、理论的形式表现出来。比如,今天我们谈爱国主义,既要爱人民、故土、文化,也要爱社会主义中国;既要热爱古代中国灿烂文明和辉煌成就,也要认清近代中国落后挨打的历史教训;既要注重吸收借鉴西方文明发展成果,又不能夸大甚至全盘照搬西方模式;既要正确评价近代中国衰落的历史根源和制度因素,又不能放大甚至全盘否定民族传统,而是应该坚定中华民族伟大复兴的信心;既要看到国家对个体与集体利益的保障作用,又不能否定个体与集体对国家利益的积极维护。总之,只有对祖

> 昔者三代之兴也,利于国者爱之,害于国者恶之,故明所爱而贤良众,明所恶而邪僻灭。是以天下治平,百胜和集。
> ——《晏子春秋》

国的历史、现状、个人与祖国关系有了正确的认识,才能实现爱国主义精神的理性升华,从而产生积极的爱国行动。

爱国主义最终通过爱国行为表现出来。爱国行为是指人们身体力行,以报效祖国的实际行动来实践自己的爱国情感、爱国觉悟和爱国志向,为祖国的繁荣昌盛尽心尽力。只有将爱国之情、爱国之心、报国之志化作报国之行,做到言行一致,才能成为一个真正的爱国主义者。但是,肯定爱国行为的实践表现,同样要注意爱国行为必须是理性的爱国行动、守法的爱国行动。失去了对法律底线的恪守,激情就会变成恶魔,爱国初衷就会被扭曲。在当代中国,新时期的爱国主义在继承以往我国爱国主义合理内核和精华的同时又吸纳了崭新的时代内涵。它具有鲜明的时代特征,主要表现为献身于中国特色社会主义建设伟大事业、献身于祖国和平统一大业。

第三,新时期爱国主义与爱社会主义、维护祖国统一是一致的。新时期爱国主义与爱社会主义本质上是统一的。社会主义制度的确立,为我国社会主义生产力的发展和社会进步提供了可靠的保证和光明的前景,集中体现着国家、民族、人民的根本利益。中国特色社会主义道路,使中国走向了繁荣富强。历史和现实都充分证明,只有社会主义才能救中国,只有中国特色社会主义才能发展中国。在现阶段,如果只谈爱国而不热爱社会主义,便使爱国主义失去具体内容和远大目标而丧失意义;而爱国主义一旦离开了社会主义方向,就会失去行动指南,成为一种盲目的热情,甚至有可能在"爱国"旗号下做出有损国家和人民利益的事情。可见,一个真正的爱国者,必须是对社会主义制度充满感情的人;一个愿意坚持走社会主义道路的人,也必然是一个勇于自我牺牲、具有满腔热忱

> 人生自古谁无死,留取丹心照汗青。
> ——文天祥

的爱国主义者。

新时期爱国主义与维护祖国统一是一致的。团结统一深深印在中国人的民族意识中,是中华民族的立身之本。中国历史上虽然曾经出现过暂时的分裂,但是民族团结和国家统一始终是民族历史的主流,是中国发展进步的重要保障。新中国的成立,标志着中华民族实现了空前的大团结,各民族之间建立了平等、团结、互助、和谐的社会主义新型民族关系,为巩固国家统一奠定了坚实的政治基础。维护祖国统一是中华民族的核心利益,任何旨在制造国家分裂、损害国家主权和领土完整的行为,都将遭到具有强烈爱国主义精神的海内外中华儿女的坚决反对。由于历史和现实的一些原因,生活在祖国内地之外的一些同胞对内地缺乏了解,对于他们的行为应该具体分析、具体对待。只要站在拥护祖国统一的原则立场上,深明民族大义,就可以在求同存异的基础上团结起来,共同完成祖国统一大业。

> 只解沙场为国死,何须马革裹尸还。
> ——徐锡麟

3. 做忠诚的爱国者

爱国主义是全世界各民族共同的价值追求。中华民族的漫长历史实践证明爱国主义已经成为中华民族精神的核心。在中国特色社会主义的历史条件下,热爱祖国的声音是主旋律,不认可爱国主义的只是个别人,认同爱国主义、坚持做忠诚的爱国者的人是绝大多数。为做忠诚爱国者,建设社会主义的富强国家,就必须澄清爱国问题上的认识误区,回击不和谐的声音。

首先,坚持正确立场,抵制极端错误思潮的歪曲和误读。做忠诚的爱国者,要反对自由主义的错误理论和观念。根据社会契约观点，自由主义思潮认为：现存国家的合法性不是来自于广大社会成员的认同，而是来自于社会契约；国家并非人类社会天生就有，它只是为了保护个人的自由与财产，为了避免人与人之间形成一切人对一切人的野蛮战争状态，才通过订立契约而形成的。在自由主义者眼中，只有这种保护公民自由与财产的"自由"国家才值得去爱。而在他们看来，这些"自由"国家的现存代表就是以美国为代表的资本主义国家。

应当看到，自由主义对爱国主义的质疑和反对是完全站不住脚的。其一，自由主义对国家起源的假设并不符合历史实际。没有哪个国家是通过公民从自然状态出发签订契约的产物。美、英、法等现代西方发达国家都是经过资产阶级革命的结果，亚、非、拉等发展中国家也是经过长期历史演变而发展成现在这种状况。其二，在"自由"概念的理解上，自由主义显然走了极端。虽然，自由是人类永恒的价值追求，无论是摆脱自然的约束还是挣脱社会关系的束缚，人自生来无时无刻不在争取自由。但是，每个人的自由都是有界的自由。因为每个人的自由既要通过他人的自由来实现，也要通过他人的自由来加以限制。可见，自由不是"随心所欲"，而是"从心所欲不逾矩"。在2017年香港政改问题上，前一时期有人鼓吹效法英、美国家的"自由"、"民主"，以发动违法的"占中"相要挟，实际上是想与中央政府对抗，想将香港脱离中国。这显然夸大了自由的边界，影响到他人的自由，更违背了相关法律法规和广大人民的利益。其三，在民族和国家的问题上，自由主义具有意识形态宣传上的虚假性。斯诺登事件表明，美国非但不保护他国人民的自由与隐私，对本国公民的自由与隐私也肆意侵犯。近日美国黑人青年遭受白人警察射杀的事件，再

> 苟利国家生死以，岂因祸福避趋之！
> ——林则徐

次证明美国社会仍存在种族歧视现象,美国对有色人种并不是那么"自由"。

做忠诚的爱国者,要反对极端民族主义和狭隘民族主义。与自由主义质疑乃至否定爱国主义相反,极端民族主义则走向另一极端。极端民族主义又有两种表现形态:一种是民族分离主义,另一种是狭隘的民主主义。民族分离主义者认为,一个民族对应一个国家,有多少个民族就应该有多少个国家。在民族分离主义看来,如果多个民族共存于一个国家,那么就必然存在主体民族对其他非主体民族的压迫。这种主张的危害性是显而易见的,表现在国外敌对势力直接选择"疆独"、"藏独"等这些民族分裂分子作为他们分裂我国的工具。他们不顾中国的一再反对,或给予民族分裂分子政治支持,或给予经济资助。民族分离主义"理论"并不能反映民族和国家的现状。当今世界,民族国家不足 200 个,却有着 1000 多个民族。其中多民族国家是常态,单一民族国家是例外。多个种族和民族经过长时间的融合形成统一的多民族国家,这本是历史常态。无论是英、法、美等西方国家,还是中华民族,都是多个种族和民族融合的产物。今天美国不会允许黑人成立独立国家,英格兰也极力阻止苏格兰、北爱尔兰独立,法国也在打击国内的分离主义势力,俄罗斯在车臣的反分裂行动常见诸报端。这说明,西方某些国家自身实际否定了他们极力推销的民族分离主义"理论"。民族分离主义在理论上逆历史潮流而动,是缺乏依据的;在现实中违背各个多民族国家的大多数人的根本利益,也将注定会失败的。

狭隘民族主义认为,只要爱国,什么都可以干;只要把某

> 位卑未敢忘忧国,事定犹须待阖棺。
> ——陆游

些做法与国家利益挂钩,这种做法就具有合法性。如果将他们理解的"民族利益"和"爱国行动"泛化,爱国的行为最终会走向反面。比如,狭隘民族主义把"民族利益"理解为帝国主义的殖民扩张,必然会争夺海外势力范围,导致地区军备竞赛,未来军事对抗将不可避免,中国发展的和平环境也将不复存在。再如,狭隘民族主义把"爱国行动"理解为在中国排斥外国人,打砸外国商品。这种行为则会在影响中国开放姿态的同时,破坏国内经济发展环境的稳定,必将干扰国家开放格局和国内改革的环境,最终将会反过来影响中国改革开放进程,影响中华民族伟大复兴的总体设计。

其次,坚持法律底线,做到理性爱国、奋力强国、精心治国。做忠诚的爱国者,要崇尚理性爱国。极端民族主义和狭隘民族主义,都是非理性爱国的表现。近几年,由于日本政府罔顾历史事实,非法"购买"钓鱼岛,公然侵犯了中国领土主权,激起中国民众的强烈愤慨。不少城市相继爆发针对日本政府的示威游行。这种爱国激情是无可厚非的,但在抗议游行中发生打砸行为却是不应该的。在这个问题上,值得我们认真反思的是,在表达爱国激情的同时要能做到冷静克制、保持理性。

爱国虽不需要理由,但却需要理智。爱国和害国之间有时候只有一步之遥,理性正是两者的分界线。要知道,愤怒和冲动不是解决问题之道,钓鱼岛之争以及中日关系的错综复杂绝非"匹夫之勇"就能了断。保持理性才能应对复杂的局面,才能让别人明白你的利益表达,才能获得支持和尊重;一旦偏离了理性,再理直气壮的诉求也会在"闹剧"中化为乌有。同时,爱国不能成为非法行为的堂皇借口。作为一个有着悠

> 我自横刀向天笑,去留肝胆两昆仑。
>
> ——谭嗣同

久文明历史的大国的公民,我们在表达自己的爱国主义热情时,应该坚守文明法治的底线。"义愤填膺"地打砸骨肉同胞的汽车,"同仇敌忾"地围攻在华普通日本人,吃霸王餐、抢劫店铺,这些暴行跟爱国完全毫不沾边。以上任何超出法律规范和道德规范的"爱国"行为,都只是一种个人情绪的宣泄,一种不计后果、不负责任的行为,其破坏性将远大于建设性,既背离了我们爱国主义的初衷,又无助于对复杂问题的解决。

做好本职工作就是最大的爱国。一些人认为,爱国情感和爱国行为是在国家处于危急的关头才会出现的。在和平时期和日常生活中,爱国无法表现出来。确实,从中华民族的历史来看,越是国家和民族处于危难之际,人民的爱国主义情感越是激昂,爱国行为也越为壮烈。但是,这并不意味着爱国只有共赴国难这一种方式。在和平时期,以实际行动报效祖国、建设祖国是表达爱国情感的最佳方式。总之,只有理性爱国、奋力强国、精心治国才能真正地捍卫民族尊严。

第三,保持清醒思维,妥善应对社会发展中的新挑战,努力解决社会发展所产生的新问题。做忠诚的爱国者,要心胸开阔,要能够辩证地看待自己祖国和同胞存在的问题。有些人面对近年来中国出现向海外移民的所谓"热潮",或者借题发挥质疑国家的开放政策,或者夸大其词指责我国社会主义制度仍然存在不尽如人意的地方。这些人或许是坚定的爱国者,但是他们的看法却是不正确的。如果不能及时给予矫正,久之,也可能会动摇忠诚爱国的立场和信念。

忠诚的爱国者,不应当认为自己的祖国是十全十美的,也不应当认为自己的同胞是完美无缺的。移居国外的人,跟其是否爱国本无直接的关联。他们移居他乡,可能是对国家的

> 保天下者,匹夫之贱,与有责焉。
> ——顾炎武

发展心存疑问,为了寻求更加优越的发展环境。对此不应当不加分析,在潜意识里认为他们都是"叛国者"。事实上,我国海外移民并非新鲜事物。历经从最初海外劳工下南洋,到改革开放初期技术移民,一直到近年来日渐勃兴的投资移民,不同时期、不同人群加入移民大潮或许有千差万别的原因,但有一个共同的原因是海外相对优越的生存环境,这一点无可置疑。最终北美、西北欧和澳大利亚等地无疑都成为备受移民青睐的地区。因此,要能够正确看待移民现象,更不应该因出现"移民潮"而妄自菲薄,否定祖国社会主义现代化建设的成就。

当然,从另一方面看,无论是劳工移民、技术移民以及富豪移民,不论何种类型的移民,无疑都是移出国在人力资源、技术储备以及财富储备等方面的转移和改变,无疑会对本身发展造成一定影响。为此,政府部门应该深刻反思,积极回应公众的诉求,认识并切实改进自己的工作,为公众提供更多量质俱佳的公共服务。这不仅是公共部门职能转变的要求,更是公共权力的终极旨归。

> 临患不忘国,忠也。
> ——《左传》

三、敬业:建设社会主义现代化强国的职业操守

建设中国特色社会主义的富强国家,要做忠诚的爱国者,热爱祖国要落实在敬业即恭敬地做好本职工作的实际行动上。

无论在中国还是在西方,敬业都有着悠久的历史传统。在中国,早在《礼记》中就有"一年视离经辨志,三年视敬业乐群"的教导,意思是说青年人的学习成才,很重要的一个阶段

是学会敬业。近代学者梁启超在其文章《敬业与乐业》中指出,人之所以要敬业是因为:一是人不仅为生活而工作,也是为工作而生活;二是任何职业都有神圣性。在西方,伴随着资本主义的产生和发展,敬业精神被强调到无以复加的程度。马克斯·韦伯在《新教伦理与资本主义精神》中指出:"上帝允许的唯一生存方式,不是要人们以苦修的禁欲主义超越世俗道德,而是要人完成个人在现世界里所处地位赋予他的责任和义务,这是他的'天职'。"① 这种见解,在职业道德的实践理性上为近代西方资本主义经济的发展做出了不可磨灭的贡献。在当代中国,敬业是努力建设社会主义现代化强国的职业操守。

> 业精于勤,荒于嬉。
> ——韩愈

1. 敬业与职业道德

职业是社会分工的产物。职业作为一种社会历史现象,不是从来就有的,也不是永恒不变的。"人们为了能够'创造历史',必须能够生活。但是为了生活,首先就需要吃喝住穿以及其他一些东西。因此第一个历史活动就是生产满足这些需要的资料,即生产物质生活本身"②。一般说来,一个人有了一种属于自己的职业,他就有了自己特定的活动范围,这个范围是社会分工所赋予他的,具有强制性。所谓"职业",是社会分工的具体形式,指的是承担一定社会责任的专门的业务活动,也是人们生产和生活中最基本的社会活动。

---

① [美]马克斯·韦伯:《新教伦理与资本主义精神》,于晓、陈维纲等译,生活·读书·新知三联书店1987年版,第59页。
② 《马克思恩格斯选集》第1卷,人民出版社1995年版,第79页。

职业绝不仅仅是个人谋生的手段。每一种职业一经产生,就被赋予一定的社会责任,因而出现相应的道德要求。在职业活动中,人们进行频繁的职业交往,在整个社会就形成了错综复杂的职业关系,如职工与职业、职工与服务对象、职工与领导、职业与职业之间的关系等。职业关系本身既是一种生产关系,又是一种责任、权利和利益关系。从事一定的职业,就意味着承担一定的社会责任,享有一定的社会权利和社会利益。如何正确处理复杂的职业关系?如何正确地履行社会责任、享受社会权利?如何获得、维护自己的正当合法利益?这其中的每个环节都需要社会调节。社会调节的方式方法是一种元系统,其间最基本的方式就是道德调节。道德调节的方式方法,属于职业道德范畴。在职业活动中,职业道德是人们在职业生活中所遵循的基本行为准则和基本职业道德规范,是促进职业生活中的人们自我完善的必要条件。

不同的职业有不同的职业道德。恩格斯说:"实际上,每一个阶级,甚至每一个行业,都各有各的道德。"①职业道德可以分为两大类。一类是某种职业特有的职业道德。每一职业都会形成特殊的职业责任和职业纪律,进而产生特殊的职业道德规范。因此,有多少种职业就有多少种职业道德,而且职业随着社会生产的发展和社会分工的变化而越来越多样化,职业道德也会越来越丰富。另一类就是一般的职业道德,即把各行各业作为一个整体来认识和把握的职业道德,敬业就属于这样的职业道德要求。中共中央颁发的《公民道德建设实施纲要》中提出的"爱岗敬业",就是这样的职业道德,适用

> 古之教者,家有塾,党有庠。术有序,国有学。比年入学,中年考校。一年视离经辨志,三年视敬业乐群,五年视博习亲师,七年视论学取友,谓之小成。
>
> ——《礼记》

---

① 《马克思恩格斯选集》第 4 卷,人民出版社 1995 年版,第 240 页。

于各行各业。

"敬业",即爱岗敬业,是指尊重职业,以极端负责的态度对待自己的工作,把自己的职业当作一项崇高而神圣的事业来看待,以及为此而专心致志、刻苦钻研、努力奉献的精神。敬业讲的是职业劳动者如何看待自己所从事的职业,是否认同自己职业的社会价值,它关系着其愿不愿意确立强烈的社会责任感、愿不愿意在工作岗位上尽忠职守,这是职业道德的灵魂和根本。因此,敬业是职业道德最基本、最起码、最普通的要求。

2. 敬业爱岗的基本内涵与核心要求

敬业体现的是职业劳动者热爱、敬重、珍视自己的工作和职业,兢兢业业、恪尽职守的道德操守。任何一个社会的存在和发展都是以其社会成员勤奋工作、创造社会价值为基础和前提的。因此,任何一个朝气蓬勃的社会,都会把敬业作为社会的核心价值观和公民的基本要求。

敬业内含敬业与爱岗两个方面,两者是紧密联系在一起的,既有区别也有联系。爱岗体现敬业,敬业以爱岗为前提。一般说来,爱岗作为一种职业道德的情感是敬业的前提,不爱岗的人是很难做到敬业的。一个人热爱自己的工作,就会把本职工作当作事业来做,自然也就会对职业怀有恭敬之心,兢兢业业、恪尽职守,努力做好自己的工作。反之,一个人如果不喜欢甚至讨厌自己的工作,自然就会抱着"当一天和尚撞一天钟"的心态,马马虎虎、敷衍塞责、得过且过。这是肯定做不好自己的本职工作的,最终就会被淘汰。

敬业产生于对职业责任、职业荣誉的深刻认识,是爱岗情感的进一步升华,通常表现为关于职业的道德信念。不敬业的职业劳动者,很难说是真正的爱岗者。一般说来,道德信念的形成是建立在道德认识和道德情感统一的基础之上的,对职业道德从职业道德内化的过程来看,职业劳动者是先有爱岗的道德情感,后有敬业的道德信念。但是由于职业活动具有广泛性和多样性,每一个职业劳动者在工作中或多或少地都有一些自豪的经历或体验,但未必都会形成敬业精神或信念。此外,由于道德信念在道德内化的过程中,处于核心和主导的地位,因此在爱岗与敬业的关系中,敬业则处于更为核心和主导的地位。只有达到了敬业的要求,职业劳动者的道德行为才能具有稳定性、持久性和一贯性。

爱岗只是敬业的前提和基础,还未从愿望转化成行动,未从想法发展成实践。敬业,除了要有热爱工作岗位的感情之外,还要有对工作切实付出的实际行动。"喊破嗓子,不如甩开膀子"。只空喊热爱工作的口号,而不切实行动起来,只能是令人讨厌的虚伪。《礼记·杂记》提出:"君子有五耻:居其位,无其言,君子耻之。有其言,无其行,君子耻之。既得之而又失之,君子耻之。地有余而民不足,君子耻之。众寡均而倍焉,君子耻之。"其中的第二耻,"有其言,无其行"就是指这种只说不做的人。所以,敬业的落脚点应当是切切实实的行动。只有在本职工作中严肃认真、精益求精、恪尽职守的人,才能在工作中磨炼自己的品格、提升自己的能力,并取得一定的成就。

敬业的核心要求是严肃认真、一心一意、精益求精、尽职尽责。要达到这一核心要求就要勤勉努力、持之以恒。曾国藩曾说:"一曰,身勤:险远之路,身往验之;艰苦之境,身亲尝

> 君子有五耻:居其位,无其言,君子耻之。有其言,无其行,君子耻之。既得之而又失之,君子耻之。地有余而民不足,君子耻之。众寡均而倍焉,君子耻之。
>
> ——《礼记》

之。二曰,眼勤:遇一人,必详细察看;接一文,必反覆审阅。三曰,手勤:易弃之物,随手收拾;易忘之事,随笔记载。四曰,口勤:待同僚,则互相规劝;待下属,则再三训导。五曰,心勤:精诚所至,金石亦开;苦思所积,鬼神亦通。"①在其看来,在工作时身到、眼到、手到、口到、心到,就一定能够把工作做好。这也就是勤勉努力的基本要求。如果要想成为某个职业领域内的专家,那就要专注地做好每一天的工作,兢兢业业地坚持下去。如果是"三天打鱼,两天晒网",所谓"敬业"也就无从谈起,最终将会一事无成。

> 春蚕到死丝方尽,蜡炬成灰泪始干。
> ——李商隐

3. 做尽职尽责的执业者

由于不同的职业具有不同的特点,敬业也有不同层次的要求。这些要求大体可分为两个进步层次:一是对一般职业的广泛性要求和敬业要求,二是对国家公务员尤其是党员干部的先进性要求。把广泛性要求与先进性要求统一起来,既有利于培育和践行人们以敬业为核心的职业道德和社会主义核心价值观,又有利于充分调动不同职业的人们的劳动积极性,尽职尽责地做好各自的本职工作。

对于一般职业的从业人员来说,敬业就是不苟且、不懈怠,脚踏实地干好一行。首先,要乐于承担应尽的职业责任。一个人从事某种职业,不管自己喜欢不喜欢、愿意不愿意,都应当认真履责,恪尽职守,自觉纠正敷衍塞责的不良作风。其次,要干一行爱一行。爱岗是一种职业兴趣,而兴趣是可以培

---

① 曾国藩:《曾文正公全集·杂著·卷三·劝诫浅语十六条》,吉林人民出版社1995年版,第1789页。

养的。有些职业,人们可能开始不感兴趣,因而不能做到爱岗。但是,只要我们坚持做好工作上的每一件事情,一件一件地做下去,或许就可以培养起来对于职业的兴趣,从而生发爱岗敬业之情。现实生活中,由于种种原因,也有不少人并不能找到与自己志趣相投的工作,所干非所爱,难以做到敬业。在这种情况下,干一行爱一行就显得更加难能可贵。需知,如果没有农民在田间地头辛勤劳作,如果没有工人在工厂车间埋头苦干,如果没有环卫工在街道广场清扫垃圾……我国的经济社会就不会迅速发展,我们也享受不到今天这样的幸福生活。所以,对于一般的职业劳动者而言,敬业的首要要求就是立足于本职工作,干一行爱一行。再次,要勤业、精业。唯有勤于执业,才能克服怠惰和苟且的不良情绪,脚踏实地工作。精业即对于职业的精益求精,是尽职尽责的重要表现。在科学技术日新月异的信息化时代,各行各业对执业者的知识素养、业务水平、工作能力都提出了高标准的要求,执业者要在自己的工作岗位上做出贡献,就必须刻苦钻研本职业所需要的知识和技能,做到积极进取、精益求精,不断提高自己的执业能力和水平。

> 鞠躬尽瘁,死而后已。
> ——诸葛亮

对国家公务员尤其是党员、领导干部来说,精业就是树立公仆意识、廉洁奉公、真心实意为人民服务。共产党员和国家公务员,尤其是担任领导职务的共产党员和公务员,在敬业方面要为全社会做出表率,发挥榜样示范作用。孔子曰:"政者,正也。子帅以正,孰敢不正?"①"其身正,不令而行;其身不正,

---

① 《论语·颜渊》。

虽令不从。"[1]中国社会有"以吏为师"的传统。今天,共产党员和担任领导职务的公务员,在自己的职业岗位上要率先垂范,以高尚的人格感召广大人民群众,引领敬业风尚。

一要牢固树立公仆意识。在我国,国家公务员尤其是党员领导干部的权力是广大人民群众赋予的,必须对广大人民群众负责,对党和国家负责。所以,在工作中不仅不能拥有特权思想,而且要树立服务意识。无论遇到什么情况,都要想人民之所想,急人民之所急,真心实意、全心全意为人民办实事、谋实利。"真心实意"主要侧重于宏观上,在思想观念上要克服形式主义,树立正确的政绩观,坚持"为官一任造福一方"的从政理念,在具体工作中应多做打基础、利长远的实事,少做脱离实际的盲目攀比、劳民伤财的"形象工程"、"政绩工程",勇敢担当,真抓实干,真正做到对人民和历史负责;"全心全意"更多地侧重于微观上,在思想观念上要树立一心为公、大公无私、毫不利己、专门利人的意识,在具体工作中要克服官僚主义,树立正确的行政观,密切联系群众,切实树立服务意识、改变服务态度、提升服务能力,坚决改变行政窗口"门难进、脸难看、事难办"的恶劣作风,提高工作效率,及时为广大人民群众排忧解难。

二要恪守廉洁奉公原则。廉,清楚之义;洁,干净之义。廉洁奉公,意思就是公私分明、大公无私、公而忘私。宋代道学家吕本中在其《官箴》中说:"民不服我能,而服我公;吏不畏我严,而畏我廉。"又说:"公生明,廉生威。"公正使人明察秋毫,廉洁使人威行四海。鉴于国家公务员、党员领导干部职业

> 民不服我能,而服我公;吏不畏我严,而畏我廉。
> ——吕本中

---

[1] 《论语·子路》。

的特殊性,他们的敬业精神还内在地蕴含着廉洁奉公的基本要求。为此,国家公务员、党员领导干部要坚持严于律己,警钟长鸣,时刻把广大人民群众的根本利益放在首位,严格遵守党纪国法、保持高尚的职业情操,永葆廉明的浩然正气,切实做到"不馋嘴、不伸手、不贪心"。

国家公务员和党员领导干部,要自觉克服享乐主义,坚决抵制精神懈怠、追名逐利、贪图享受、意志消沉等不良思想情绪的侵袭,真正发扬艰苦奋斗、埋头苦干的精神,努力增强为人民谋福利的本领。要自觉地与官僚主义和形式主义划清界限,克服奢靡、骄奢淫逸、腐化堕落之风。此外,还要对自己的秘书、司机、家属、子女等严格要求,防止裙带性的曲线腐败。

一般来说,作为建设社会主义现代化强国的职业操守,人们在工作环境好、收入高、工作轻松的工作岗位上是比较容易做到敬业的;相反,环境不好、收入不高、工作艰苦、又远离城市,要做到敬业就不那么容易。因此,在那些工作繁重、条件艰苦、收入不高岗位上认真工作、辛勤耕耘的人,其敬业奉献的精神就会受到人们的尊敬。感动中国的"马路邮班"王顺友、"云上学堂"教师李桂林夫妇等都是这种环境下敬业奉献的典范,国家授予的"感动中国年度人物"荣誉就是对其敬业精神的最佳褒奖。

但毋庸讳言,目前我国公民包括国家公务员和一些共产党员的敬业精神不容乐观:"从绝对水平上来讲,大多数中国公民都做不到敬业,而对自己的工作表示漠不关心甚至有意消极怠工;从相对水平上来讲,中国公民敬业的比例不到世界

> 欲为圣明除弊事,肯将衰朽惜残年!
>
> ——韩愈

平均水平的一半,与美国公民30%的敬业比例相差甚远。"① 当下有不少人认为现在是市场经济时代,"干一行爱一行"的雷锋精神已经过时,甚至有人曾指出雷锋的"螺丝钉精神"与现在提倡个人选择存在冲突,不少大学毕业生就是其代表。他们中有些人刚从高校毕业时间不长,就换了多家工作单位。甚至有人坦言:"现在都是双向选择,单位挑我们,我们也挑单位,哪里待遇好,就到哪里去。'螺丝钉精神'已经过时了。"部分年轻人就持有这种看法。今天的我们是否还需要雷锋的爱岗敬业精神?又如何正确处理"螺丝钉精神"与个人选择之间的冲突?

> 一思尚存,此志不懈。
> ——胡居仁

我们都知道,雷锋是在我国20世纪五六十年代社会主义建设高潮中涌现出来的先进典型之一,雷锋精神内涵丰富,感恩社会、热爱生活,自强不息、艰苦奋斗,助人为乐、服务人民等都是其具体表现,爱岗敬业精神是雷锋精神的主要内容之一,50多年来,虽然我们所处的时代发生了翻天覆地的变化,但不同时代所透射出的精神光芒却是相通的。爱岗敬业这一雷锋精神的集中体现,现已成为我们社会主义职业道德所倡导的首要规范。在新的历史条件下遵循爱岗敬业的职业道德要求,亦是对雷锋精神的传承和弘扬。

在今天市场经济的大潮中,行业分类已经远远不止三百六十行。爱岗,并非在一个工作岗位上"从一而终",它是对从业者的心境和态度的要求,即干什么爱什么、干一行爱一行。为传承雷锋精神,我们在工作中应当立足本职工作、安心本职工作、热爱本职工作,应当在工作中改变心境、端正态度,逐渐

---

① 郭建宁主编:《社会主义核心价值观基本内容释义》,人民出版社2014年版,第131页。

形成对工作和岗位的无限兴趣和热爱之情。

敬业,说到底,是对从业者的信念和意愿的要求,即干什么精什么、干一行精一行。传承雷锋精神,我们在岗位上应当提升岗位技能、坚守岗位纪律、忠于岗位职责,应当保持对本职工作的信念和社会价值的认同,保持对工作和职位的谦恭和尊重,将对工作岗位的热爱之情转变为实际的行动,"专心致志,以事其业",把爱岗敬业精神落到实处,在平凡的岗位上创造不平凡的业绩。

"一个人的作用,对于革命事业来说,就如一架机器上的一颗螺丝钉……螺丝钉虽小,其作用是不可估量的,我愿永远做一个螺丝钉"①。这是雷锋在日记中对"螺丝钉"的集中表述,也是对其自身奉行"螺丝钉精神"的总体概括。在那个特殊的年代里,雷锋提出个人是"机器上的一颗螺丝钉",其本意是把个人融于集体和人民的事业之中,体现的是个人的选择与国家社会发展需要之间的一致性,表达的是服从组织安排的集体主义精神、甘居平凡岗位的乐观工作态度和忠于职守的扎实工作作风。因此,从表现形式看,"螺丝钉精神"同计划经济体制下的人力资源配置方式是相适应的。也正是在这层意义上,有人提出质疑,认为当前市场经济体制下的人力资源配置应以人为本、应体现对个人意愿的尊重和对个人选择的支持,"螺丝钉精神"自然失去了其存在的价值和意义。持这种观点的人,他们看到了市场经济条件下的人力资源配置相对于计划经济来说,具有较大的自主选择性。尤其从个人的主观愿望看,选择收入高、工作条件舒适、名声好、社会地位高

> 不积跬步,无以至千里;不积小流,无以成江海。
>
> ——荀子

---

① 雷锋:《雷锋日记》,吉林文史出版社2005年版,第76页。

的稳定工作或职业,这本身也无可厚非。但是,他们忽略了人与职业之间双向选择这一社会现实,忽略了不是所有的人都能按照自己的愿望选择职业这一客观现状,忽略了当个人选择与社会需要发生冲突时恰恰需要服从这一集体主义原则。因此,他们没能看到今天"螺丝钉精神"所承载的时代内涵:选择性和服从性的"一致"发展为选择性和服从性的"统一",人们把个人的自主选择与服从国家社会发展需要有机结合,在甘居平凡岗位的同时又不甘于平庸、不安于现状,在忠于职守的同时又提倡岗位竞争、多做贡献。

纵观古今,敬业精神是普遍的职业道德原则。在今天,敬业作为社会主义核心价值观的一项重要原则,要求我们不仅要爱一行干一行,更要干一行爱一行,干一行干好一行。学习和践行社会主义核心价值观的这项原则,就是要立足本职、忠于职守、精益求精,为建设社会主义现代化强国贡献一份力所能及的力量。

> 所谓敬者,主之一谓敬;所谓一者,无适之谓一。
> ——程颐

≫学习思考题≫

1. 如何理解富强作为社会主义核心价值观的首要目标?
2. 做忠诚的爱国者有哪些要求?
3. 你做到"敬业"了吗?为什么?
4. 如果你对自己目前所从事的职业不能做到"敬业",打算怎么办?

第二章

法治、民主与自由

> 建设社会主义现代化强国要依法治国,建设社会主义法治国家。为此,要把法制与民主和自由有机统一起来,在社会主义法制的统领之下实行广泛的社会主义民主和自由。

一、法治:治国理政的基本方式

"依法治国",简而言之,就是依照宪法和法律来治理国家。在我国,依法治国是治国理政的基本方式,也是增强党的执政能力、提高党的执政水平、实现国家长治久安的一项根本措施。提出和实施依法治国的基本方略,标志着党的执政方略的转变,也标志着党的领导方式和执政方式的转变。十八届四中全会提出全面推进依法治国总目标和重大任务,坚持党的领导、人民当家做主、依法治国有机统一,坚定不移走中国特色社会主义法治道路,坚决维护宪法法律权威,依法维护人民权益、维护社会公平正义、维护国家安全稳定,为实现"两个一百年"奋斗目标、实现

> "依法治国",简而言之,就是依照宪法和法律来治理国家。

中华民族伟大复兴的中国梦提供有力法治保障。

1. 法治与法制

"法治"与"法制"这两个词，人们在使用时经常容易发生混淆。实际上，"法治"与"法制"是既有联系又有区别的。对这一对概念最大的误解是认为法治就是好的、先进的，法制是错误的、落后的。这一点首先必须澄清。法制既指一国的法律和制度或法律制度，也可指严格依法办事的一种方式、制度。而法治概念的含义则主要在于主张执政者严格依法治理国家。当法制作为法律和制度或法律制度的简称时，它指的是具有实体性的法律、制度，属于制度的范畴，强调加强法制是强调要有治国的工具。而法治是一种治国的理论、原则和方法，相对于人治而言，强调法治就是强调法律、制度这种工具在治理国家中具有最重要的地位和作用。一国执政者特别看重法律、制度的作用，依法治国，即为通常所说的法治。在近现代，任何国家都有自己的法律和制度，亦即都有某种意义上的法制。但并不是每个国家都依法治国，都实行法治。

但法制与法治又有密切联系。不仅当法制指严格依法进行国家管理时，与法治含义相同，而且当法制指一国法律制度简称时，与法治也有密切联系。因为，一国法律制度的健全需要有法治理论指导，执政者没有法治观念，不重视法律制度在治国中的作用，不重视对法律制度的执行和遵守，就不可能真正加强法制。同时，法治这种治国的理论、原则和方法的实现，又需要以健全法制为必要条件，没有健全的法律制度，就不可能有真正的法治。

中国封建社会所强调的法制实际上是刑制，刑法较为发达，而宪法、民法、经济法等法制思想是近代从西方引进而来。

> 夫法者，所以兴功惧暴也；律者，所以定分止争也；令者，所以令人知事也。法律政令者，吏民规矩绳墨也。
> ——《管子》

在新中国成立后,特别是改革开放以后,我们逐渐加大了法制建设的力度,法制思想深入人心,具有中国特色的社会主义法律体系已基本形成。当然,依法治国的任务仍很艰巨。

法治成为治国理政的基本方式,意味着我国治国理政的方式将进一步完善。党的十五大确立了"依法治国"的基本方略,十七大明确提出加快建设社会主义法治国家,十八大报告不仅提出"全面推进依法治国",还强调"法治是治国理政的基本方式",这是我们党对法治意义的新的阐述,意味着今后我国治国理政的方式将得到进一步完善。十八届三中全会提出"建设法治中国,必须坚持依法治国、依法执政、依法行政共同推进,坚持法治国家、法治政府、法治社会一体建设"。十八届四中全会以"依法治国"为主题,部署全面推进依法治国的重大战略问题。在依法治国的基本方略下,加强和创新社会管理,动员各种社会主体共同参与社会管理和社会建设,采取各种方式和形式实现社会管理的目标。

"依法治国"和"以法治国"两个概念虽只一字之差,意思却迥然不同。"以法治国"是执政者把法律当成治理工具来治理国家和社会,人治的痕迹十分明显;而"依法治国"除了指一切依照法律、法律至上之外,还包含着秩序良好的社会状态。

法治成为治国理政的基本方式,意味着公民权利保障的基础更为坚实。法律的根本出发点应该是切实保障公民的基本权利,需要通过科学合理的立法程序,充分发扬人民民主,允许各种利益阶层和群体参与立法,充分有效地表达他们的利益诉求和意见主张,使法律真正成为全体公民意志的集中体现,从而有效地促进和谐社会建设。

法治成为治国理政的基本方式,意味着社会公平正义的实现可以落在实处。依法治国就是要充分发挥立法在分配社

> 天下从事者,不可以无法仪;无法仪而其事能成者,无有也。
> ——《墨子》

会利益中的重要作用,通过法律手段理顺国家与公民的财产关系,在国家与公民的利益分配上,更多地关注公民收入的增加,同时加大财政支出在教育、医疗、社会保障等民生领域的投入;在公民之间的财富分配上更多地关注缩小收入差距、贫富差别,努力实现社会财富分配的实质公平。

2. 建设"法治中国"的基本要求

建设"法治中国"的基本要求是"科学立法、严格执法、公正司法、全民守法"。

一是要坚持科学立法。我国新时期法治建设已有 30 多年的历史,如果说过去 30 多年逐步解决了有法可依的问题,那么在形成了社会主义法律体系之后,目前更为关键的是如何提高立法质量和水平,也就是科学立法的问题。

首先,立法应体现科学性。立法是向社会提供规则和制度,但这种规则和制度必须反映经济和社会发展规律。如果不能反映经济和社会发展规律,那么所立的法就是"恶法"。立法所确立的制度应当有利于发挥公民、组织的积极性、主动性和创造性。立法必须注重保护公民、组织的合法权益,即使所建立的制度需要限制公民的权利和自由,也应保持达到这一目的的最低限度。改革是当前我国的时代特色,立法必须以改革发展为导向,适应改革发展的要求,所确立的制度应力求体现改革发展精神,推进和保障改革发展,不能成为改革发展的阻碍者,建立的制度如不符合改革发展要求,应及时调整和修改。如 1992 年初,国务院《关于收容遣送工作改革问题的意见》的出台,将收容对象扩大到"三无人员"(无合法证件、无固定住所、无稳定收入),此后,经过各地和有关部门的不断博弈,收容遣送制度逐渐在实践中脱离原来社会救助的立法原意,逐渐演变为限制外来

> 国无常强,无常弱。奉法者强则国强,奉法者弱则国弱。
> ——《韩非子》

人口流动,沦为一项严重威胁人权的带有惩罚性的强制措施。2003年6月20日,国务院公布《城市生活无着的流浪乞讨人员救助管理办法》,并于2003年8月1日起正式实施,与此同时,《城市流浪乞讨人员收容遣送办法》被废止,随后一些城市的收容遣送相关条例和制度也陆续废止。

其次,立法应体现统一性。我国是一个统一的多民族的单一制国家。维护法制统一,是维护国家统一的重要保证。宪法规定:"国家维护社会主义法制的统一和尊严。"维护法制统一,首先要从立法做起。一切立法活动,都必须从国家整体利益出发,以最广大人民群众的根本利益为依归,不得以部门利益、地方利益等局部利益凌驾于国家整体利益之上,不得在立法中搞"上有政策,下有对策"。所有的法律、行政法规、地方性法规、自治条例和单行条例都不得同宪法相抵触,下位阶的法不得同上位阶的法相抵触,同位阶的法之间也要互相衔接和一致。为此,我国进一步完善了行政法规、地方性法规备案审查制度。如果出现与宪法和上位阶的法相抵触或同位阶的法之间不一致,根据《立法法》的规定,有关国家机关有权依法予以改变或者撤销。

再次,立法应体现民主性。民主立法要求立法机关在立法时要体现人民的意志,反映人民的心声,保障人民的权益。一方面,立法或起草议案时要树立以人为本的理念,全面了解人民的需求,在立法导向上真正保护公民的权益;另一方面,在立法过程中应倾听人民和公众的意见。立法要公开透明,除依法需要保密的之外,草案要向社会公布。立法应强化公众参与,公开征求公众意见,并以适当方式反馈意见。如2011年4月,《个人所得税法修正案(草案)》面向社会公开征求意见,共收到意见23万余条,创全国人大立法史上单项立法征求意见数之最。在这

> 家有常业,虽饥不饿;国有常法,虽危不亡。
> ——《韩非子》

些意见中,83%的公众希望提高个税起征点,改革原有税率结构,以降低中低收入者的税收负担,促进收入分配公平和社会公正。同年6月30日,全国人大常委会表决通过该修正案,将个税起征点由原来的2000元提高至3500元,税率结构由9级调整为7级,取消了15%和40%两档税率,将最低的一档税率由5%降为3%,这充分体现了立法的民主性。

二是要做到严格执法。行政机关是实施法律法规的重要主体,是执法的主力军,要带头遵守法律,严格依法办事,维护公共利益、人民权益和社会秩序。当前,行政机关严格执法,要做到三个转变。首先,转变"官贵民贱"的观念,树立"法律面前人人平等"的意识。封建社会"官贵民贱",行政机关及其成员与普通百姓之间无平等可言。近代民主和法制社会的建立,确立了"法律面前人人平等"的原则,使行政机关及其成员和公民处于平等的地位。国家公务员与公民一样,必须同等地受法律的制约和限制。国家公务员必须遵法守法,而不能游离于法律之外。其次,转变"权大于法"的观念,树立"职权法定"的意识。现实生活中存在的种种现象如:家长作风、以权压法、以权弃法、徇私枉法等等都是"权大于法"观念的体现。因此转变"权大于法"观念,树立"职权法定,权力有限"意识刻不容缓。再次,转变"人治"观念,树立"法治"意识。公务员要崇尚法律,在执政过程中要把法放在首位。一事当前,先考虑符合法的要求与否。心中有法,意识才能建立起来。在行政管理过程中出现的"长官意志"、"个人专断"等,都是"人治"观念的表现或变种。不彻底摈弃这种旧观念,崭新的社会主义法治意识就无法形成。

三是要实现公正司法。习近平总书记多次强调,各级国

> 奉法者兴,则国兴;奉法者亡,则国亡。君臣、上下、贵贱,皆从法,此谓之大治。
>
> ——《管子》

家行政机关、审判机关、检察机关要坚持依法行政、公正司法,加快推进法治政府建设,不断提高司法公信力。我们应当看到,当前司法腐败和司法不公现象仍然时有发生。最高人民法院原副院长黄松有腐败案等,是司法腐败的典型例证。河南"赵作海被错判杀人而服刑 11 年"等类似案件,使司法公正性受到怀疑。要实现司法公正,需要进一步深化司法体制改革,确保司法机关依法独立公正行使审判权、检察权。要实现司法公正,应当让司法成为真正的司法,让司法回归司法,既不能让司法机关变成立法机关以司法解释代替国家法律,更不能让司法机关成为行政机关的附属。让司法机关真正地从事司法工作,实现和保障社会的公平正义。要实现司法公正,需要建立起社会监督机制。《中共中央关于全面深化改革若干重大问题的决定》明确指出:"推进审判公开、检务公开,录制并保留全程庭审资料。增强法律文书说理性,推动公开法院生效裁判文书。"司法公开的目的就是为了更好地接受社会的监督。要实现司法公正,还要建立司法权威,不让一份判决成为无法兑现的空头支票。

　　四是要推动全民守法。法治中国建设不仅是国家机关的事,而且也是每个人的事。不可否认,法治中国建设首先要求国家机关、行使权力的组织带头守法、执法,但单靠或完全靠国家机关不能实现法治。法治中国建设需要每个人、每个组织共同的努力,全民守法是实现法治中国不可或缺的部分。如果像"法不责众"的现象依然存在,法治中国就不可能真正实现。推动全民守法,要让法治成为每个人的信仰,做到真学、真用和真信。这是推进法治中国建设的必由之路。在这种意义上可以说,实行依法治国的真谛,就是要让法律特别是

> 法令行则国治,法令弛则国乱。
> ——王符

最重要的法律被每位公民牢牢记住。

依法治国的立法、执法、司法和守法都是非常重要的,四位一体不可或缺。但是,也不应当将它们等量齐观。长期以来,人们在心目中实际上是把司法看成关键环节。马路上警察执法活动虽然最能引发围观,但是同时也知道法院审判是最终的裁决。所以,大众往往把最终的裁决全部托付给法官、法院。多年前,一句"我告你"是多么掷地有声,表示一方要把问题放在最权威、最严肃、最不容作弊的地方,诉求解决。可是,近年来我们听到更多的是"有本事你告我啊"这句话了。这种变化表明,过于把目光集中在审判环节上,本身就存在一定的问题。目前,执行难已经成为普遍的问题。实际上,具体的制度安排是否合理,立法本身是否科学,广大公务员队伍日常活动是否在法律范围内,社会是否形成法律权威至上的社会环境和氛围,都直接关系到依法治国方略的实现。换句话说,依法治国是全方位的,需要整体推进。

> 法者天下之公器也,变者天下之公理也。
> ——梁启超

3. 树立依法治国的理念

依法治国理念,指的就是依据法律而不是个人的旨意管理国家和社会事务,实行的是法治而不是人治,其核心是确立以宪法和法律为治国的最具权威的标准。树立依法治国理念,需要准确把握以下三个方面的基本内涵。

第一,法律面前人人平等。这是我国宪法明确规定的社会主义法治的基本原则。法律面前人人平等原则具有三个方面的含义:其一,公民的法律地位一律平等。我国《宪法》第三十三条明确规定:"中华人民共和国公民在法律面前一律平等。任何公民享有宪法和法律规定的权利,同时必须履行宪法和法律规定的义务。"现实生活中,有人习惯于把人分成三六九等,对不同身份的人给予差别待遇。这种思想和做法实际上是封建等级观念的残余。其二,任何组织和个人都没有超越宪法和法律的特权。宪法和法律是人民利益的体现,反映了人民的意志。任何个人和组织,都不得享有超越宪法和法律的特权,将自己凌驾于党、国家和人民之上。那种认为自己高人一等,将自己视作法律之外的"特殊公民"的思想,从根本上背离了法律面前人人平等的原则。薄熙来案件的公开审理,充分说明任何人都没有超越宪法和法律的特权。其三,任何组织和个人的违法行为都必须依法受到追究。我国宪法第五条明确规定:"一切国家机关和武装力量、各政党和各社会团体、各企业事业组织都必须遵守宪法和法律。一切违反宪法和法律的行为,必须予以追究。"违法者必须受到追究是法律尊严的重要体现,也是法律权威的重要保障。

第二,树立和维护法律权威。法律权威就是法律所具有的尊严、力量和威信。树立和维护法律权威,是实施依法治国方略的迫切需要。

维护法律权威,必须使我们确立法律是人们生活基本行为准则的观念。在一个社会中存在着许多不同的社会规范,包括法律、政策、道德、习惯、宗教规范等等,它们对人们的行为都起到一定的规范和约束作用。但是,必须明确,在一个实行法治的社会中,法律是对人们的社会生活起着最基本的、同时也是最有力的规范和约束作用的准则。整个社会和全体公民都必须树立法律意识,自觉将法律作为指导和规范自身社会活动的基本行为准则。

维护法律权威,必须首先维护宪法权威。《中华人民共和

> 庶人议政,百官分治,取消专制之法,建立公天下之法。
>
> ——顾炎武

国宪法》是我国的根本法,具有最大的权威性和最高的法律效力。它也是一切其他法律权威的渊源和保障。因此,维护法律权威首先要维护宪法权威。

维护法律权威,必须努力维护社会主义法制的统一和尊严。我国社会主义法律体系是一个有机统一的整体,任何法律、法规、规章都不得同宪法相抵触,下位法不得同上位法相抵触,地方性法规不得同全国性法律相抵触。社会主义法制的统一是法律权威的重要标志。当前,有的地方和部门从保护本地区、本部门的利益出发,制定和实施一些违反国家法律规定和法治原则的"土政策"、"土办法",搞"你有法律、我有对策",不仅破坏了社会主义法制的统一,也严重损害了法律的权威与尊严,必须坚决反对和有效制止。比如,某市将计生政策捆绑义务教育,一农民因为交不起"超生罚款"无法送孩子读书在开学当天自杀。要想彻底让"计生"与入学等脱钩,既要进行全面执法检查、强化国家法律权威性,也要对违反法律法规的地方官员进行严厉问责,更要彻底清理地方"土政策"。

维护法律权威,必须树立执法部门的公信力。法律的目的和宗旨要通过执法司法来实现,法律的权威也要通过执法者的权威来体现。因为在社会上一般人心目中,执法者在一定程度上就是法律的化身,代表着法律权威与尊严。树立执法部门的公信力,需要从两个方面加以努力:一方面,要有效克服我国社会公众中普遍存在的"法不责众"、"只要有理怎么闹都行"等不讲法制的传统观念,从严执法,对一切违法行为严肃处理,以维护法律的严肃性,树立执法者的权威;另一方面,执法者要严格公正文明执法,切实解决执法和司法不公的问题,提高执法部门的公信力,让执法司法行为令人信服,用

> 不以规矩,不成方圆。
> ——孟子

公正赢得权威。

　　第三,严格依法办事。这是依法治国的基本要求,也是法治区别于人治的重要标志。对于一切国家机关特别是专门履行执法、司法职责的政法机关来说,严格依法办事意味着以下四个方面的含义:其一,职权由法定。职权法定是法治的重要原则,也是严格执法的合法性基础。职权法定原则要求,执法机关的权力必须来自法律具体而明确的授予,执法机关必须在严格依据法律规定的权限内履行职责。其二,有权必有责,即权利义务相一致原则。有权必有责包括两个方面的含义:一是行使权力要对所引起的法律后果负责,法律授予了权力,同时也就意味着赋予了责任;二是被法律赋予了权力而不去行使或者行使不到位,就是不尽职、不作为,就是失职渎职,也要承担相应的法律责任。在任何时候、任何情况下,我们都必须坚决克服那种权力在我手,想用就用、想不用就不用、想怎么用就怎么用的错误观念和做法,慎用手中权力。其三,用权受监督。权力必须受到监督是一切法治社会遵循的一条重要原则。我国《宪法》第二十七条明确规定了一切国家机关和国家工作人员都要受到监督的原则。只有自觉接受监督,才能保证权力的正确运行。其四,违法受追究。违法必究是社会主义法制的基本要求,也是法律权威与尊严的重要体现。在现实生活当中,对执法者的违法行为依法追究具有十分重要的意义。要建立起对执法犯法者的严厉追究机制。只有执法者的违法行为都毫无例外地依法受到追究和惩罚,才能给整个社会树立依法办事的良好示范,实现社会公正。

　　党的十八大以来的反腐工作,就是对法律面前一律平等、严格执法与依法办事的最好诠释。习近平在党的十八届中央

> 木受绳则直,
> 金就砺则利。
> ——荀子

纪委二次全会上发表重要讲话中指出,坚定不移惩治腐败,是我们党有力量的表现,也是全党同志和广大群众的共同愿望。我们党严肃查处一些党员干部包括高级干部严重违纪问题的坚强决心和鲜明态度,向全党全社会表明,我们所说的不论什么人,不论其职务多高,只要触犯了党纪国法,都要受到严肃追究和严厉惩处,绝不是一句空话。从严治党,惩治这一手绝不能放松。要坚持党纪国法面前没有例外,不管涉及谁,都要一查到底,绝不姑息。要继续全面加强惩治和预防腐败体系建设,加强反腐倡廉教育和廉政文化建设,健全权力运行制约和监督体系,加强反腐败国家立法,加强反腐倡廉党内法规制度建设,深化腐败问题多发领域和环节的改革,确保国家机关按照法定权限和程序行使权力。要加强对权力运行的制约和监督,把权力关进制度的笼子里,形成不敢腐的惩戒机制、不能腐的防范机制、不易腐的保障机制。各级领导干部都要牢记,任何人都没有法律之外的绝对权力,任何人行使权力都必须为人民服务、对人民负责并自觉接受人民监督。要加强对一把手的监督,认真执行民主集中制,健全施政行为公开制度,保证领导干部做到"位高不擅权、权重不谋私"。习近平在《更加科学有效地防治腐败,坚定不移把反腐倡廉建设引向深入》中强调,反腐倡廉建设,必须反对特权思想、特权现象。共产党员永远是劳动人民的普通一员,除了法律和政策规定范围内的个人利益和工作职权以外,所有共产党员都不得谋求任何私利和特权。这个问题不仅是党风廉政建设的重要内容,而且是涉及党和国家能不能永葆生机活力的大问题。要采取得力措施,坚决反对和克服特权思想、特权现象。

> 雷电噬嗑,先王以明罚敕法。
> ——《周易》

二、民主：社会主义的生命力

一般说来，民主是法制的基础，法制是民主的保障。在我国，社会主义法制确认社会主义民主，是社会主义民主得以存在、实现和发展的根本能保障，而社会主义民主是社会主义法制的前提，只有实现社会主义民主才谈得上制定出体现广大人民群众意志的法制。社会主义民主是社会主义的生命力所在。我们要大力加强社会主义民主政治建设，使社会主义民主真正体现人民当家做主的意志。

1. 民主的基本含义及其历史演变

"民主"一词的原意为"人民的权力"，即指人民直接地或按照地区由选举产生的代表来统治和治理国家。在我国古代，民主指的是"民之主宰者"——君主或官吏。随着民主理论和民主实践的不断发展，"民主"的含义也日益丰富和扩展。人们现在已经在十分广泛的意义上使用"民主"一词，产生了民主国家、民主制度、民主决策、民主监督、民主管理、民主原则、民主意识、民主理论、民主作风、经济民主、政治民主、社会民主、无产阶级民主、资产阶级民主、个人主义民主等等一系列概念。这一系列概念都是从"民主"的本意中派生和引申出来的，其中有些概念并不属于政治学理论研究的"民主"范畴。另外，也有些人把某种社会动乱称之为"民主"，把种种无政府主义表现说成是行使民主权利，这是对"民主"的不正确理解、误解或曲解。

马克思主义经典作家在不同社会层面上和不同领域中使

> "民主"一词的原意为"人民的权力"，即指人民直接地或按照地区由选举产生的代表来统治和治理国家。

用民主概念。在国家政治制度层面上,把民主理解为一种国家形态或国家形式,称作民主的政治制度或民主政体;在人民权利层面上,指广义的民主权利;在管理层面上,指组织管理的民主原则、民主体制;在思想观念层面上,指民主观念、民主精神;在行为方式层面上,指民主作风、民主的工作方法。在把民主概念扩展到政治领域以外的其他领域,如经济、文化和社会生活领域,则形成了经济民主、文化民主和社会民主。总之,民主既有基本的含义,又有扩展和延伸的含义,但作为人民权利和国家制度的民主是它的基本含义,是马克思主义民主理论研究的重点。民主,从狭义上说,"是一种国家形式,一种国家形态";从广义上说,"民主意味着在形式上承认公民一律平等",即指少数服从多数。推而广之,凡是遵循或体现这些原则、精神的政策、法令、制度、思想及各种行事,都可以说是民主的。

民主是一个历史的范畴,它既不是从来就有的,也不是永恒不变的,而是随着阶级社会的产生和历史的发展而不断演变。

民主政治起源于原始社会的民主制度和民主现象,虽然这种民主不属于民主政治的范畴,但我们的确可以从原始社会的民主制中发现一些现代民主政治的雏形。原始民主是在原始社会公有制经济和极为低下的生产力水平的基础上形成的。在原始社会,氏族内部所有成员之间的关系是完全平等的,氏族内的一切重大问题,一律由全体氏族成员参加的氏族会议决定。这种由氏族全体成员直接行使氏族最高权力的组织形式,具有直接民主的特点,只是还处于非常简单粗陋的状态。

奴隶制社会是人类历史上第一个阶级社会,奴隶制国家的民主是民主政治的第一种形态。在奴隶制国家中因其国家形式不同,有君主制政体和共和制政体两种,无论实行哪种政体,享有公民权的只是奴隶主和自由民,奴隶不是公民,因而是被排斥于民主之外的。这就是说,奴隶社会的民主制本质上是少数奴隶主的民主。当然,作为政治民主的最初形态,从形式上讲,奴隶社会的民主已经涉及有关国家权力机关的设立以及它与其他国家机关的关系、公民的权利、国家公职人员的产生等民主制的基本问题。

封建制国家取代奴隶制国家以后,相当普遍地建立了君主专制政体。这种政体的最大特点是,国家最高权力完全属于君主,宫廷是国家政治生活的中心,君主的意志就是国家意志,就是国家的法律,所有臣民必须绝对服从,君主行使权力不受法律约束,也不受其他机关的监督,君主完全依靠忠于他个人的军事官僚机构,维护其专制统治。在这个意义上讲,封建社会历史时限内作为国家形式的民主政治基本上无民主可言。

资本主义制度取代封建制度以后,以代议制、普选制、政党制、分权与制衡制为主要内容的资本主义民主政治,便在资本主义各国以各自特有的形式普遍建立起来。资本主义民主政治的诞生和发展,是对封建制社会相当普遍存在的专制制度的直接否定,因此,是人类社会历史发展中政治文明的一个巨大进步。但是,资本主义民主政治与以往剥削阶级国家的任何政治制度一样,是建立在生产资料私有制的基础上的,无论它的形式怎样变化,程序如何完备,它也只是资产阶级实现其统治的政治形式,是占人口少数的资产阶级享有民主和对

> 不受虚名,不听浮术,不采华名,不兴伪事。
> ——荀悦

占人口多数的无产阶级及广大劳动人民实行专政。这就决定了资本主义民主政治的历史局限性和暂时性。

社会主义民主,是人类历史上一种崭新的民主形态,是自人类进入阶级社会以来实现的第一个非剥削制度下的国家民主。它使占人口大多数的工人、农民和知识分子等最广大的人民大众都能享有最广泛的民主。社会主义民主作为人类社会民主类型的最高形式,是指全体人民在共同享有对生产资料不同形式的所有权和支配权的基础上,享有管理国家的最高权力。民主是建立社会主义的前提条件,民主是社会主义社会的重要特征,民主是建设社会主义的一个根本目标。

社会主义民主作为一种国家制度,本质是"人民当家做主"。作为上层建筑的一部分,归根到底是由社会主义的生产关系所决定的。马克思主义反对所谓的"一般民主",反对抽掉民主的阶级内容,在这个前提下承认民主就是人民当家做主。

社会主义民主是目的与手段、历史性与继承性的统一。作为目的,民主是社会主义的不懈追求。作为手段,社会主义主张把民主的原则、方法和作风,贯穿到政治生活、经济生活、文化生活和社会生活的各个方面去,贯穿到人与人的关系、个人与社会的关系中去。民主的发展并不意味着新的民主类型对旧的民主类型的全盘否定,而是有所肯定、有所保留的,这又体现了民主发展的历史继承性。

社会主义民主与社会主义法制、权威是辩证统一的关系。发展民主必须健全法制,使民主法制化、法律化;法制必须以民主为基础。法治和人治的根本区别并不在于法制的多少,也不在于是否重视法律或者法律实行的状况,根本的区别在

> 孟子曰:"民为贵,社稷次之,君为轻。是故得乎丘民而为天子,得乎天子为诸侯,得乎诸侯为大夫。"
> ——《孟子》

于法律是否体现民主的精神与原则。民主与法制是相互制约的关系。某些无政府主义者常利用"民主"的概念宣扬绝对的自由化,殊不知民主正是在法律保护下的民众权利。这与绝对自由化是有着本质的区别。在民主条件下,人民当家做主,制定出的法律是符合人民群众要求和期望的。同样,在法制范围内的自由民主才是民主精神的体现,才能使民众能够在法律准则要求下行使自由权利。加强民主建设,我们要树立法治的权威,只有当民主政治与法治权威结合在一起时,这种民主才是稳定的、成熟的、可持续的。

2. 社会主义民主与资产阶级民主之比较

经济基础不同。资产阶级民主是建立在私有制经济基础之上并为发展资本主义经济服务的,社会主义民主则是建立在公有制为主体的经济基础之上并为发展社会主义经济服务的。资产阶级在革命的时候高举民主、自由的大旗,目的是要通过推翻封建专制统治为资本主义生产方式的发展扫清障碍,并利用资产阶级的民主形式来巩固和发展资本主义经济。同理,社会主义民主是为适应公有制为主体的社会主义生产关系而建立的,工人阶级和劳动者掌握的民主权力也是用来为发展社会主义经济服务的。

反映主体不同。资本主义民主是在经济上占统治地位的资本家少数人的民主,社会主义民主则是真正的劳动者多数人的民主。西方民主政治的资产阶级性质,从西方国家 200 多年来选举制度的演变可以看清楚。19 世纪中叶以前,为了保证资产阶级的统治,西方国家的法律都明确规定了选举人的财产资格。19 世纪中叶以后,欧洲逐渐推行了普选制,但却

> 社会主义民主与社会主义法制、权威是辩证统一的关系。发展民主必须健全法制,使民主法制化、法律化;法制必须以民主为基础。

又通过诸如选举保证金、竞选费用和选区划分、选票计算等比较隐蔽、迂回的手段，保证了资产阶级代表人物的当选，把真正的劳动者排除在外。与此相反，社会主义民主是真正的劳动者多数人的民主，全体劳动人民在共同享有对生产资料不同形式所有权、支配权的基础上，享有管理国家的最高权力。

实现形式不同。资本主义民主实行三权分立的原则，社会主义民主则实行民主集中制的原则。资产阶级的三权分立实际上就是政治权力在资产阶级内部进行分权的形式。行政权往往属于一方或者一个联盟；议会则由各方面占有一定的席位，但一般情况下总有一派能控制议会；司法权的归属虽不明确，但不同时期也总是打上某个利益集团的烙印。资产阶级就是通过这种权力之间的分工与制约，以达到利益的相对平衡，并通过公开斗争使冲突得以缓解。社会主义则实行民主集中制的原则，在国家权力机构的设置上保证人民当家做主在国家生活中的最高地位，真正实现了"主权在民"。表现在国家权力机关的关系上，由人民选举产生的全国人民代表大会是国家的最高权力机关，国家行政机关、军事机关、审判机关、检察机关，都由它产生并对它负责、受它监督。这种民主集中制的原则，体现了我国人民民主专政的国家性质，保证了国家主权的完整统一和人民主权的最高地位。

习近平总书记在庆祝全国人民代表大会成立60周年大会上的讲话中指出，评价一个国家政治制度是不是民主的、有效的，要看"八个能否"。即国家领导层能否依法有序更替；全体人民能否依法管理国家事务和社会事务、管理经济和文化事业；人民群众能否畅通表达利益要求；社会各方面能否有效参与国家政治生活；国家决策能否实现科学化、民主化；各方

> 人人有权，其国必兴；人人无权，其国必废；此量如日月经天，江河行地，古今不易，遐迩无殊。
> ——何启

面人才能否通过公平竞争进入国家领导和管理体系；执政党能否依照宪法法律规定实现对国家事务的领导；权力运用能否得到有效制约和监督。

  60年来，我国在民主政治建设方面取到了决定性进展。这主要表现为：改革和完善党和国家的领导制度，废除了实际上存在的领导干部职务终身制，确保了党和国家领导机关正常换届和领导人员有序更替。修改完善宪法，推动基层群众自治，实现城乡"同票同权"，不断巩固和完善人民代表大会制度，扩大人民有序政治参与，人民实现了内容广泛、层次丰富的当家做主。坚持发展最广泛的爱国统一战线，坚持和完善中国共产党领导的多党合作和政治协商制度，深入开展政治协商、民主监督、参政议政，发展独具特色的社会主义协商民主。努力建设了解民情、反映民意、集中民智、珍惜民力的决策机制，保证了决策符合人民利益和愿望。改革干部人事制度，建立健全广纳群贤、人尽其才、能上能下、充满活力的用人机制，为各方面优秀人才建功立业开辟了广阔渠道和发展空间。确立和贯彻依法治国基本方略，形成和完善以宪法为统帅的中国特色社会主义法律体系，坚持法治国家、法治政府、法治社会一体建设，全社会法治水平不断提高。建立健全权力运行制约和监督体制机制，形成惩治和预防腐败体系，保证党和国家领导机关和人员按照法定权限和程序行使权力。

  我们在民主政治建设取得巨大成就的同时，也要清醒地认识到我国政治体制还存在一些不适应、不符合的问题，民主政治具体制度方面还存在不完善、不健全的地方，在保障人民民主权利、发挥人民创造精神方面还存在不足，必须加以完善。

> 民权兴则国权立，民权无则国权亡。
> ——梁启超

3. 人民当家做主是社会主义民主的本质和核心

从"豆选"、"三三制"到确立人民代表大会制度,再到20世纪90年代8亿多农民实行村民自治,人民当家做主一直是社会主义事业不断走向胜利的力量源泉。

坚持人民民主专政的国体。国体是国家阶级本质的反映,也是民主政治建设的根本问题。在我国,人民民主专政是国体,工人阶级是领导阶级,工农联盟是政权基础,全体人民是国家的主人。人民民主专政是无产阶级专政在我国的一种实现形式,是对人民民主和对敌人专政的结合。在人民内部实行民主是实现对敌人专政的前提和基础。人民民主的实质就是社会上绝大多数人享有管理国家和社会的一切权力,这就是人民当家做主,体现了社会主义国家政权的本质特征。我国《宪法》总纲中明确规定:"中华人民共和国的一切权力属于人民。"对敌人实行专政是人民民主的有力保障。"专政"包含两层含义:一是说明统治关系,即一个国家谁是统治阶级,谁是被统治阶级;二是指统治手段,即采用暴力镇压的手段。尽管中国的阶级结构和阶级斗争状况已经发生了深刻的变化,但是对敌专政的职能并没有消失。只有依照法律制裁极少数敌视和破坏社会主义的势力,才能保证人民当家做主。如2014年7月28日凌晨,新疆莎车县发生一起严重暴力恐怖袭击案件,造成数十名维吾尔族和汉族群众伤亡,31辆车被打砸,其中6辆车被烧。暴力恐怖犯罪案件的发生,造成无辜群众重大伤亡,严重影响了新疆经济社会发展和民族团结。对于暴力恐怖犯罪案件,党中央、国务院高度重视,迅速组织力量侦破案件,依法对暴力恐怖犯罪予以坚决打击,维护了社会

> 人人独立、人人平等、人人自主、人人不相侵犯、人人交相亲爱,此为人类之公理。
>
> ——康有为

稳定。

坚持人民代表大会制度的政体。政体是国家政权的构成形式,由国体所决定,体现和反映国家的本质。人民代表大会制度是我国的政体,也是国家的根本政治制度。人民代表大会制度的根本性,主要体现在两个方面:其一,这一制度在我国政治制度体系中居于核心地位,决定着国家社会生活的各个方面和其他各种具体制度。人民代表大会作为国家权力机关,它的权力是人民授予的,并且代表人民行使权力。国家行政机关、审判机关、检察机关的行政权、审判权、检察权等,都是由人民代表大会通过制定宪法和法律授予的,都必须按照人民代表大会通过的宪法和法律办事。其二,这一制度是我国各种国家制度的源泉,国家的其他制度,如婚姻家庭制度、民事商事制度、国家机构的制度、刑事制度、诉讼制度等,都是由人民代表大会通过立法创制出来,都要受到人民代表大会制度的统领和制约。正因为如此,人民代表大会制度在我国政治制度中具有根本性地位。

怎样坚持和完善人民代表大会制度?习近平总书记提出"四个必须"的要求。即必须毫不动摇坚持中国共产党的领导、必须保证和发展人民当家做主、必须全面推进依法治国、必须坚持民主集中制。

坚持党的领导,从性质上讲,就是党领导、支持和保证人民当家做主,始终团结带领人民为崇高事业不懈奋斗。从内容上讲,主要是政治领导、思想领导和组织领导,通过制定大政方针,提出立法建议,推荐重要干部,进行思想宣传,发挥党组织和党员作用,坚持依法执政,实施党对国家和社会的领导。从作用上讲,就是坚持党总揽全局、协调各方的领导核心

> 必须毫不动摇坚持中国共产党的领导、必须保证和发展人民当家做主、必须全面推进依法治国、必须坚持民主集中制。

作用，充分发挥各方面积极性、主动性和创造性。人民当家做主是社会主义民主政治的本质要求。抗日战争期间，黄炎培先生询问毛泽东，将来中国共产党执政后，如何从中国历史上一治一乱的周期率中跳出来，毛泽东回答说："人民民主。"中国共产党的宗旨就是全心全意为人民服务，除了人民的利益，绝无私利。因此，发扬人民民主是党的宗旨所决定的。依法治国是党领导人民治理国家的基本方略。从加强法制建设到提出依法治国，我们党对民主政治建设规律认识不断深化。推进依法治国，建设社会主义法治国家，不论是对于加强和改善党的领导，还是对于保障和发展人民当家做主，都具有不可替代的意义。民主集中制是我国国家组织形式和活动方式的基本原则。我国是单一制国家，民主集中制决定了我国地方与中央的关系是局部与整体的关系，局部必须服从整体，地方必须服从中央。同时，我国各地发展情况不同，宪法和法律在立法体制和管理体制等方面又做出规定，凡属地方性重大事务，由地方各级人民代表大会做出决定，在本行政区域内贯彻执行。"这既能保证中央的统一领导，又给予地方以适当的自主权，充分发挥各自的积极性"。

坚持中国共产党领导的多党合作和政治协商制度。中国共产党领导的多党合作和政治协商制度是我国的政党制度，也是我国的基本政治制度。中国共产党在多党合作和政治协商制度中处于领导地位。中国共产党与参加合作的各个政党之间不是执政党与反对党、在野党的关系，而是执政党与参政党的关系。这一制度具有凝聚力量的显著功能，能够为科学发展提供强大动力。在我国多党合作和政治协商制度中，中国共产党的核心地位和坚强领导，保证了对经济社会发展的

> 天视自我民视，天听自我民听。
> ——《尚书》

统一规划和总体部署;各民主党派、无党派人士紧紧围绕中心任务,充分发挥人才荟萃、智力密集、联系广泛等优势。这一制度,能够把全社会的智慧和力量充分调动起来、凝聚起来,最大限度地形成统一意志,最大限度地集中社会资源,形成推动科学发展的强大合力。中国共产党是执政党,要使党的执政经得起历史考验,就必须加强党的自身建设,自觉杜绝腐败。我们必须清醒地认识到,在改革开放和发展市场经济条件下,某些党政干部产生了官僚主义、贪污受贿、执法犯法、任人唯亲、裙带关系、腐化堕落、道德败坏等腐败现象。如果任其蔓延,就会使党变质、国变色,人民民主专政国家毁于一旦。因此,要保证党不变质、国不变色、改革开放顺利进行,就必须坚决惩治腐败。近期,周永康、徐才厚等腐败分子的相继落马,充分表明了我们党惩治腐败的决心。

加强社会主义民主政治建设是一项艰巨的任务,我们要切实做到"六个防止"。即切实防止出现群龙无首、一盘散沙的现象;切实防止出现选举时漫天许诺、选举后无人过问的现象;切实防止出现党争纷沓、相互倾轧的现象;切实防止出现民族隔阂、民族冲突的现象;切实防止出现人民形式上有权、实际上无权的现象;切实防止出现相互掣肘、内耗严重的现象。

坚持和发扬社会主义民主要立足于中国国情,从实际出发。一个国家选择什么样的民主发展道路和模式,归根结底是由这个国家的性质和国情决定的。我国现在处于并将长期处于社会主义初级阶段,在经济文化不发达的国度里发展民主,必须从实际出发确定目标模式和实现道路。在当代中国,由于社会生产力发展水平还不高,不可避免地制约着社会成

> 天惟时求民主,乃大降显休命于成汤,刑殄有夏。
> ——《尚书》

员的受教育程度、民主素质以及民主运行机制的完善程度。在这种情况下,发展社会主义民主只能从国情出发,实事求是地制定建设中国特色社会主义民主的目标模式,从实际出发,通过政治体制改革开拓社会主义民主发展的道路。从国情出发,不盲目照搬西方资本主义民主制度,不等于不吸收和借鉴人类社会的优秀成果。它山之石,可以攻玉。正确地借鉴人类政治文明的优秀成果,将有益于社会主义民主政治建设。

> 坚持和发扬社会主义民主要立足于中国国情,从实际出发。一个国家选择什么样的民主发展道路和模式,归根结底是由这个国家的性质和国情决定的。

三、自由:社会主义的理想追求

自由是人类文明发展的共同成果,是人类价值认识中的共识元素,是人类共同的价值追求,是人全面发展的前提,也是人类创造幸福、生命尊严的基础和源泉。人类历史就是一部不断追求自由并获得自由的历史。从原始人直到今天,不管与人斗还是与天地自然斗,最终目的都是为了追求自由。人类从不断改善生存的自然环境,到社会制度的不断变革,都是出于对自由的渴望。生产力和科学技术的不断发展,物质财富的不断创造积累,都是追求自由的结果。

党的十八大报告中,关于社会主义核心价值观的"三个倡导"中,"自由"这个词第一次与"平等、公正、法治"一起作为社会主义核心价值观社会层面的基本要求写入执政纲领中。把"自由"作为社会主义核心价值,既高度体现了中国特色社会主义核心价值观积极承接人类文明发展的这一共同成果和人类社会的这一共同价值追求,又高度体现了现实目标与理想目标的有机统一,同时也说明自由是社会主义核心价值观的本质要求。

1. 自由的涵义

"自由",意思是由自己做主;在法律允许范围之内不受限制和约束。自由在传统意义上分为三类,即个性自由、主体自由、社会自由。个性自由是主体内在发展的根本要求,是实现个人价值的基础条件。主体自由主要是强调个人本身具备能够获取自身利益的权利资格和行为能力。社会自由的重心则放置在对于个体的社会属性的考虑,从整个社会的利益角度来斟酌和确定自由的度量。

"自由"作为一个政治哲学的概念,是指在现有条件下人类可以自我支配,凭借自由意志而行动,并为自身的行为负责。作为法律范畴的自由,指的是公民在法律许可和规定的范围内,其活动不受限制的权利。在认识论领域,所谓"自由",是指人对自然、社会的认识和改造。在社会生活中,所谓"自由",表现为人与人之间独立自主的平等关系。自由对民族而言指国家独立、民族自主,对个人而言指个性获得发展。由此看来,那种把自由理解为不受任何外在限制的理念和意志的作为的看法,是违背自由的本义的。在马克思主义看来,自由的含义具有广阔性和全面性,它不是指单一的发展人的身心的某一种能力,而是指人的身心的各种能力都得到全面而自由的发展,真正成为社会和自身的主人,从而达到自由的境地。

在人类社会的长期发展过程中,自由出现了不同的类型。我们可依据自由的类型理论对自由进行分类:第一种类型,是天然的自由、社会的自由和道德的自由;第二种类型,自律的自由和他律的自由;第三种类型,积极的自由和消极的自由;

> "自由",意思是由自己做主;在法律允许范围之内不受限制和约束。

第四种类型,主体自由、社会自由和个性自由。

自由相对于束缚而言,反映人在社会关系中的生存状态和应当具有的社会理性,表现为人能够按照自己的意愿、兴趣和爱好,发展自己多方面的才能,充分展示和发展自己的个性。依照基本属性来划分,自由包括意志自由和行动自由两个方面。

> 日出而作,日入而息,逍遥于天地之间而心意自得。
> ——《庄子》

意志自由,是合乎法律和道德要求的思想自由和表达自由,包含着言论自由、出版自由等。行动自由,是现实生活中选择行为的权利的自由,大致包含结社自由、选举自由、买卖自由、就业自由等。理解和把握自由的基本属性,要求一切自由都必须合乎法律和社会理性的要求。合乎法律,即合乎国家宪法和各种部门法律、法规。合乎理性,就是合乎社会发展客观规律和现实的客观要求。一方面,要求个人的思想和行动要在法律和道德的界限之内,得到法律和道德的允许,同时受到法律和道德的约束。另一方面,国家和社会要为个人合乎法律和理性要求的意志和行动自由提供应有的条件。

就思想内涵的属性来看,自由并不是西方人独创的,也不是近现代才有的概念。中国传统文化中有着丰富的自由观念。如老子的"道法自然"、庄子的"逍遥"、孔子的"七十而从心所欲不逾矩"、陶渊明的"采菊东篱下,悠然见南山"等,都是关于思想和意志自由的千古绝唱。由于长期实行封建专制统治,加上厉行严格的教化制度,中国传统文化中的自由观念是有限的,而且多缺乏相应的行动自由,没有形成特有的自由概念及思想体系。

2.马克思主义的自由观

马克思主义自由观是从积极能动的社会实践的立场出发论述人的自由本质,认为自由是人的主体性的最充分的表现。"人不是由于有逃避某种事物的消极力量,而是由于有表现本身的真正个性的积极力量才得到自由"[①]。如果人失去了自身的主体性,只会盲目服从客体;消极地逃避外在客观条件的限制,也绝不会获得自由;马克思主义自由观认为必然是自由的依据,正是由于客观必然性为选择提供了可能性,人的意识才能有选择的自由性,必然性既是自由的根据,同时又是自由的限度,人只能在必然性允许的范围内进行实践活动才会有自由;马克思主义自由观认为,意志自由只可能是观念范畴内的自由,只有将意志自由变为自觉行动,实际地驾驭客观必然性,才能获得真正的自由。马克思主义把社会生产实践活动的观点引入自由观,把它作为自由观的基础,才真正阐明了人既受外在限制又能打破外在限制的辩证关系,即达到了自由和必然的辩证统一。马克思主义的自由观是实践的自由观,实践是自由的基础。

根据马克思主义自由观,自由不是随心所欲,不是想怎么说就怎么说,不是想怎么做就怎么做。人的意志和行动不可能不受任何限制与约束。所谓"不在三界内、跳出五行中",看似自由实则是主观任意、意气用事,和自由的要求恰恰相反。任何人都是一定条件下的社会存在物,不论是否自觉,都会被社会赋予特有的使命和义务。这种使命和义务都是内在的、

> 假于异物,托于同体;忘其肝胆,遗其耳目;反复终始,不知端倪;茫然彷徨乎尘垢之外,逍遥乎无为之业。
>
> ——《庄子》

---

① 《马克思恩格斯选集》第1卷,人民出版社1995年版,第294页。

> 庄子曰："吾闻楚有神龟,死已三千岁矣,王以巾笥而藏之庙堂之上。此龟者,宁其死为留骨而贵,宁其生而曳尾于涂中乎?"二大夫曰:"宁生而曳尾涂中。"庄子曰:"往矣!吾将曳尾于涂中。"
>
> ——《庄子》

必然性的,不以主观意志为转移的。所以,马克思主义认为自由就是认识必然。唯有真正认识到必然性、尊重规律性,在此基础上充分发挥主观能动性,才能获得自由,享受人生自由及其所带来的快乐和幸福。

3. 自由是人类理想社会的追求

马克思主义认为,人的真正自由的实现,即由"必然王国"转向"自由王国",由片面发展走向全面发展,其最终目标不仅是个体的全面而自由的发展,而且包括全体社会成员的全面而自由的实现。这体现了马克思主义彻底解放全人类的无产阶级革命导师的伟大理想。而这种人类总体自由目标和完美价值追求的实现只有到了共产主义社会才有可能。共产主义社会将是"个人的独创的和自由的发展不再是一句空话的惟一社会"①。而在共产主义社会,通过社会生产,不仅可能保证"一切社会成员有富足的和一天比一天充裕的物质生活,而且还可能保证他们的体力和智力获得充分的自由的发展和运用"②。只有到共产主义社会,人的全面自由实现需要的条件才能全部达到,也才能真正实现马克思主义意义上的人类的彻底解放、全体社会成员的全面而自由的发展、人类最完美的价值的追求。在马克思看来,未来社会"是这样一个联合体,在那里,每个人的自由发展是一切人的自由发展的条件"③。说到底,马克思认为人的自由的真正实现是在未来的共产主

---

① 《邓小平论教育》,人民教育出版社 2004 年版,第 101 页。
② 《马克思恩格斯选集》第 1 卷,人民出版社 1995 年版,第 223 页。
③ 《马克思恩格斯选集》第 1 卷,人民出版社 1995 年版,第 294 页。

义社会。

马克思主义关于"实现人的自由全面发展"这个最高理想,是社会主义核心价值观的理想目标,是社会主义的最高价值,是社会主义价值需求、价值创造、价值实现的根本方向,是人类社会的价值追求的理想图景。

4. 实现社会主义自由观的基本理路

践行社会主义的自由观,首先要看到倡导社会主义自由的重要性,正确处理自由与民主、自由与法治的关系。社会主义与自由是密不可分的,邓小平曾明确指出:"没有民主就没有社会主义,就没有社会主义的现代化。"①党的十八大报告充分肯定自由的地位,强调"保证人民依法享有广泛权利和自由"是一项重要任务。关于自由与法治的关系,上文已经述及,概言之就是自由必须以法律许可为限度。这是当今世界任何文明国度都实行的自由原则,也是每个公民必须遵循的自由观。我国1982年《宪法》第五十一条明文规定:"中华人民共和国公民在行使自由和权利的时候,不得损害国家的、社会的、集体的利益和其他公民的合法的自由和权利。"同时《宪法》从第三十五条至第四十七条还具体规定了我国公民享有十种自由权(即言论、出版、集会、结社、游行、示威、信仰、人身、通信和文化活动自由)。② 我们要发展自由,绝非提倡人们可以随心所欲、为所欲为。

其次,要立足于社会主义自由的生成基础,全面理解和把

> 子曰:"吾十有五而志于学,三十而立,四十而不惑,五十而知天命,六十而耳顺,七十而从心所欲,不逾矩。"
> ——《论语》

---

① 《邓小平文选》第2卷,人民出版社1994年版,第125页。
② 《中华人民共和国宪法及有关资料汇编》,中国民主法制出版社1990年版,第158页。

> 今日之治，莫贵乎崇尚自由。自由，则物各得其所自致，而天择之用存其最宜，太平之盛可不期而自至。
>
> ——严复

握其科学内涵。作为社会主义核心价值观的有机组成部分，社会主义自由是中国共产党在新的历史条件下对马克思主义自由观的继承和发展。社会主义制度的创立，使我们摆脱了剥削阶级的统治，获得了当家做主的民主权利，这是根本性的社会自由和人权自由。实行改革开放和发展社会主义市场经济，为我国社会主义经济、政治和整个社会的建设与发展、实现伟大的中国梦开辟了广阔的前途，人们也因此而获得自由选择和发展的空间。一般说来，在当代中国社会，一个人如果不能获得自己自由选择和发展的机遇，就不应当怨天尤人，而要反思自己是否理解和把握了属于自己的自由。不过，也应看到，我国的社会主义社会是在半殖民地半封建社会废墟上创立的，阻碍自由实现的旧社会消极因素依然存在，改革开放和现代化建设进程中也会出现影响自由实现的新问题，这将会是一个长期的过程。在这个过程中，实现社会主义自由需要花大力气增强公民的法制意识，提升公民的道德素质。

社会主义自由，作为社会主义核心价值观的有机组成部分，与社会主义核心价值观体系中的其他标准是一个不可分割的整体。所以实现社会主义自由，不能就自由讲自由，而要与实现其他核心价值观联系起来，特别是要与社会主义民主和法制贯通起来。

再次，要识别西方社会鼓吹的自由主义和中国传统的"自由主义"，与之划清界限。西方自由主义是形成于十七八世纪的一种资产阶级思想流派，其核心观念是强调以理性为基础的个人自由，主张国家的政治生活、经济生活和社会生活都要以维护个人自由为目的。这种自由主义理论曾于20世纪初传入我国，在反对封建专制斗争中发挥过可贵的积极作用，但同时也表现出与马克思主义和社会主义对立的政治立场和价值倾向。20世纪90年代以来,西方自由主义加紧对我国思想领域的渗透,经济上反对国家对经济的任何必要的干预和调控;价值观上鼓吹"人的本性是自私的"、公有制违背人的自私本性;政治上主张实行西方宪政民主,如多党竞选、轮流执政、三权分立、互相制衡、司法独立、军队中立化等。与此同时宣扬超越时空、超越国家、超越阶级的人权和"普世价值"。西方自由主义思潮给中国特色社会主义现代化建设造成的危害,需要引起我们的警觉。

中国传统的"自由主义"扎根于分散、"自由"的小农经济,具有不问是非、不讲原则和漠视法纪的特性。毛泽东在《反对自由主义》一文中,生动而又深刻的揭露这种"自由主义"的十一种表现:"因为是熟人、同乡、同学、知心朋友、亲爱者、老同事、老部下,明知不对,也不同他们作原则上的争论,任其下去,求得和平和亲热。或者轻描淡写地说一顿,不作彻底解决,保持一团和气。结果是有害于团体,也有害于个人。这是第一种。不负责任的背后批评,不是积极地向组织建议。当面不说,背后乱说;开会不说,会后乱说。心目中没有集体生活的原则,只有自由放任。这是第二种。事不关己,高高挂起;明知不对,少说为佳;明哲保身,但求无过。这是第三种。命令不服从,个人意见第一。只要组织照顾,不要组织纪律。这是第四种。不是为了团结,为了进步,为了把事情弄好,向不正确的意见斗争和争论,而是个人攻击,闹意气,泄私愤,图报复。这是第五种。听了不正确的议论也不争辩,甚至听了反革命分子的话也不报告,泰然处之,行若无事。这是第六种。见群众不宣传,不鼓动,不演说,不调查,不询问,不关心

> 西方自由主义思潮给中国特色社会主义现代化建设造成的危害,需要引起我们的警觉。

其痛痒,漠然置之,忘记了自己是一个共产党员,把一个共产党员混同于一个普通的老百姓。这是第七种。见损害群众利益的行为不愤恨,不劝告,不制止,不解释,听之任之。这是第八种。办事不认真,无一定计划,无一定方向,敷衍了事,得过且过,做一天和尚撞一天钟。这是第九种。自以为对革命有功,摆老资格,大事做不来,小事又不做,工作随便,学习松懈。这是第十种。自己错了,也已经懂得,又不想改正,自己对自己采取自由主义。这是第十一种。"必须指出,这些自由主义倾向在当今社会仍或多或少存在,我们必须予以坚决抵制。

最后,要坚决反对破坏社会主义法制、扭曲社会主义民主的"自由主义"。当代中国社会生活中的"自由主义",主要特性和现实表现是无视中国共产党的执政权威、国家法律的威严和社会道德的实践理性。它是受到中西方非理性自由观复杂影响的结果。如:中新网4月17日电 据央视消息,网络推手秦志晖(网名:秦火火)涉嫌诽谤、寻衅滋事一案,今日上午在北京市朝阳区人民法院第三法庭公开宣判。法院判处被告人合并执行有期徒刑3年。公诉机关指控,秦志晖于2012年12月至2013年8月间,使用"淮上秦火火"、"炎黄秦火火"、"东土秦火火"等新浪微博账户捏造损害杨澜、张海迪、罗援等人名誉的事实,在信息网络上散布,引发大量网民转发和负面评论。公诉机关还指控,2011年8月20日,秦志晖为了自我炒作、引起网络舆论关注、提升个人知名度,使用名为"中国秦火火_f92"的新浪微博账户编造、散布虚假信息攻击原铁道部(造谣2011年7月23日"温州动车事故外籍乘客获赔3000万欧元"),引发大量网民转发和负面评论。社会主义社会的自由是有序的自由,而不是无序的自由,是公共的自由而不是为

> 自由之界说,有最要者一语,曰"人人自由,而以不侵人之自由"为界是矣。而省文言之,则"人人自由"四字,意义亦已具足。
> ——梁启超

所欲为的狭隘的自由。坚决打击这类无视社会和他者的自由权利的所谓"自由",是大多数人自由的保证,正是实现社会主义自由的题中之意。

≫学习思考题≫

1. 如何建设"法治中国"?
2. 为什么要坚持党的领导、人民当家做主、依法治国的有机统一?
3. 如何正确理解社会主义核心价值观的自由?
4. 实现社会主义自由的基本理路有哪些?

> 野人之性,视宫殿如藩笼,不如秀才家得自由也。
> ——蒲松龄

第三章

和谐、平等与公正

> 建设社会主义现代化强国,要按照社会主义平等和公正原则的要求,努力化解社会矛盾和消极因素,积极推进社会主义和谐社会建设,全面实现社会和谐。

一、和谐:社会主义的本质属性

和谐是中国特色社会主义的本质属性,是国家富强、民族振兴、人民幸福的重要保证和表现。党的十六大报告首次把更加和谐作为我们党要为之奋斗的一个重要目标提出来;十六届四中全会进一步提出构建社会主义和谐社会的伟大任务。党的十八大又将和谐作为社会主义核心价值观的重要内容之一。所以,倡导和谐的价值理念,构建社会主义和谐社会正是我们党从全面建设小康社会、开创中国特色社会主义事业新局面的全局出发提出的一项重大历史任务。毫无疑问,这项任务适应了我国改革发展进入关键时期的客观要求,同

> 和谐是中国特色社会主义的本质属性,是国家富强、民族振兴、人民幸福的重要保证和表现。

时也体现了广大人民群众的根本利益与共同愿望。

1. 和谐与矛盾

把握和谐理念就不能不说矛盾。和谐是相对于矛盾而言的,和谐与矛盾有对立的一面,也有统一的一面,和谐是一种矛盾被调控的特殊状态和表现。

矛盾是绝对的。学习过马克思主义哲学基本原理的人们都知道,作为对立又统一的矛盾时时存在,处处存在,这就是矛盾的普遍性。比如,一张拉满的弓可以把箭射出去很远。如果稍作观察就可以发现弓在结构上的奇妙:弓被弦束缚,因而呈现出一种张力;玄也被弓束缚,同样也呈现出紧绷感,弓弦双方就处在对立又统一的状态。一旦拉动弦,箭就射出了。弯弓射箭就是通过制造矛盾、利用矛盾的对立与统一产生的张力。

如果说弯弓射箭是属于人为制造的矛盾,那么一粒种子的发芽、开花、结果就是自然界中直接存在的矛盾,然而却又自然而然。一粒种子埋藏在泥土里,假如它保持自己为一粒种子,拒绝任何变化,那么它终究还是一粒种子。最后的结局或者是被鸟儿发现变成它的食物,或者天长日久腐烂在土壤里。可是,种子自身中隐藏的生命力会令其"勇敢"地吸收光、热和水分,于是它不再留恋单纯的自我保存而孤芳自赏,而是大胆地接受变化,生根发芽,直到它成了一株幼芽。后来的故事我们都十分清楚了,幼芽继续生长,变成参天大树,复又结出累累硕果。我们发现,种子的生命历程就是一个矛盾,其中伴随着从不间断的运动变化。幼芽无论如何也不是种子,可是幼芽恰恰是种子生命力的肯定与表达。幼芽对种子来说是

> 和谐是相对于矛盾而言的,和谐与矛盾有对立的一面,也有统一的一面,和谐是一种矛盾被调控的特殊状态和表现。

> 乾道变化,各正性命,保合太和,乃利贞。首出庶物,万国咸宁。
> ——《周易》

否定,毕竟两者不是一回事了。然而,幼芽又是种子肯定种子的必然结果。好的种子岂能不会生根发芽呢?同样,参天大树对于幼芽,正如幼芽对于种子一样,既是否定前者也是肯定前者,保留了前者的合理因素。种子在这样"既不是又是"的矛盾运动中,最大限度地赢得了自己,长出了更多的果实,让你自己的生命力得到最完整、最丰富的表达和诠释。我们把这种"既不是又是"的规律称之为"矛盾",正是这样矛盾运动让万物才变得生机勃勃,呈现一种和谐的自然状态。

认识自然与认识世界,诚然是我们的一项任务,但也只是任务的一部分,我们还要发现更多的真理。社会真理是真理在社会领域的反映,认识社会真理、掌握其中的规律显然是一项更高的任务。社会真理是在人类活动,特别是人类的意志参与和作用下发生和形成的。有意识的人类活动构成社会真理的最大特征。正如并不是所有的种子都是有益于人类一样,例如杂草的种子也在寻求自身的成长,因而农业耕作中就要设法干预并努力中断它们的成长"环节"。马克思主义基本原理之所以是颠扑不破的,就是因为其发现了人类社会的真理。例如,资本主义社会中资本家越是要获得更多的剩余价值,就越是要销售更多的产品;而这一过程恰恰是伴随着普通工人的相对贫困,因为资本主义社会最广大的消费者还是普通工人。而普通工人越是想摆脱贫困的经济社会地位,他们就要越来越多地去工作,生产出越来越多的商品。结果,资本主义社会的劳资双方,恰恰处在互相肯定和否定的矛盾运动中。这种力量构成了社会发展的推动力量,同时也是双方对立的最为根本的理由。于是这个推动力也无时无刻不在瓦解资本主义的社会制度。马克思在《1844年经济学哲学手稿》之

"私有财产和共产主义"一节的开始部分,有这么一小段话:"无产和有产的对立,只要还没有把它理解为劳动和资本的对立,它还是一种无关紧要的对立,一种没有从它的能动关系上、它的内在关系上来理解的对立,还没有作为矛盾来理解的对立。"[①]这也说明矛盾不是一般性的对立,只有能动关系和内在关系的对立,才是真正意义上的矛盾。比如,价值和使用价值是价值规律中的矛盾,资本家和普通工人是资本主义社会的矛盾。

社会主义制度在根本上消除了生产资料私人占有和社会化大生产的对立,因而就在根本上克服了资本主义社会制度中的那种矛盾。但是,矛盾存在是一回事,矛盾的呈现方式是另外一回事。二战后的资本主义世界之所以出现矛盾相对缓和的情形,正是由于他们通过局部质变的改革延缓了矛盾的尖锐对立,呈现一种回光返照式的"繁荣"。反过来,社会主义制度下出于种种原因,也容易出现各种各样的矛盾。由于矛盾自身既有属人的一面,又有不属人的一面,这就令矛盾具有"动力"和"破坏力"的两面性。最大限度地利用和发挥矛盾有益于人类社会发展的一面,同时最大限度地消解和减低矛盾中不利于人类社会发展的破坏性一面,就是构建和谐社会的依据和目的。因此,和谐并不否认和反对矛盾,而是主张将矛盾调整在可控的范围内,在充分发挥其"动力"的积极一面,遏制其"破坏力"的消极一面。

所谓"和谐",简单而言,就是多样性的统一,是多样性寓于统一性之中。一统摄多,也承认多的地位。对立事物之间

> 夫和实生物,
> 同则不继。
> ——《国语》

[①] 马克思:《1844年经济学哲学手稿》,人民出版社2000年版,第78页。

> 礼之用,和为贵。先王之道,斯为美。小大由之,有所不行。知和而和,不以礼节之,亦不可行也。
>
> ——《论语》

在一定的条件下,具体、动态、相对、辩证的统一,是不同事物之间相同相成、相辅相成、相反相成、互助合作、互利互惠、互促互补、共同发展的关系。这是辩证唯物主义和谐观的基本观点。应该说,自有人类社会以来,追求和谐就是一种非常重要的价值取向。和谐最初是指音乐,各种乐器,声音高低、韵律与节奏符合人们的审美要求,让一首乐曲听起来顺耳,从而给人以美的享受。松涛阵阵,高山流水的古雅;小桥流水,丝竹管弦的婉转,这些无不给人以和谐的印象与感觉。采菊东篱,渔舟唱晚;明月松间照,清泉石上流;秋水共长天一色,落霞与孤鹜齐飞,这些和谐的画面无不给人心灵以巨大的震撼、感染与陶冶。它们浑然天成,宁静优美又不失勃勃生机。对和谐的追求构成中国传统文化的基本精神,在政治、经济、文化以及日常生活中都有鲜明的体现,深刻地滋养着世世代代人们。

古代和谐思想最光辉最典范的运用是在百姓的生活和人与自然的关系上。夫唱妇随、男耕女织、琴瑟之好、鸾凤和鸣、春耕夏耘、秋收冬藏的生活构成最令人适意的生活图卷。《淮南子·主术训》说"先王之法,畋不掩群,不取麛夭,不涸泽而渔,不焚林而猎",意思是说打猎不能把动物的族群全部猎杀,不能杀麋鹿的幼子,不放干池塘的水捕鱼,不烧毁森林来捕猎。《论语》中也记载孔子"钓而不纲,弋不射宿",意思是说孔子只用有一个鱼钩的钓竿钓鱼,而不用有许多鱼钩的大绳钓鱼;只射飞鸟,不射巢中歇宿的鸟。这些都是仁爱礼乐的和谐精神在日常生活和社会交往中的反映,其中都包含着克制过分私欲并考虑他人与后代福祉的节制和智慧。随着时代的发展,古代这种思想还发展出了万物一体、民胞物与的新的和谐理念。和谐思想除了在自然、生活与交往层面得到重视,还在国家与国家之间政治生活中得到极为出色的运用与发挥。

　　正如上文所说,和谐的基本含义是指事物的内部各因素协调统一、外部相关因素调和有序。和谐其实是一个内外兼修的过程。中华文明的历史证明,文明的发展进程离不开和平、和谐的环境,只有和平、和谐才能使文明永续。自古以来,和睦相处就是中华民族的优良传统和美德。"和为贵",始终是我们这个多民族大家庭的精神纽带,历来为各民族有识之士所认同和珍视。《论语》里说:"四海之内,皆兄弟也。君子何患于无兄弟也?"历史上有名的昭君出塞、文成公主入藏,不仅是汉民族与少数民族的通婚姻之好,更是汉民族与各兄弟民族携手共进的历史见证。通过相互之间的亲密交往与融合,促进了各民族之间的经济文化交流,巩固了民族大家庭的和睦与繁荣。在治国理政方面,和谐也是重要的价值追求。在这方面,古籍《尚书》里就有"百姓昭明,协和万邦"的说法,《论语》有"老者安之,朋友信之,少者怀之",以及"饭疏食饮水,曲肱而枕之,乐亦在其中矣",《孟子》则有"天时不如地利,地利不如人和"。

> 天时不如地利,地利不如人和。
> ——《孟子》

　　总体看来,中国传统和谐文化体现在"一"、"齐"、"中"三个理念的探求与总结中。这里的"一"可以理解成仁的本体范畴。《尚书·大禹谟》:"人心惟危,道心惟微,惟精惟一,允执厥中。"个体有身心,家庭有夫妇、夫子,社会有你我,世界有夷夏,宇宙有人与非人。而"仁"这个字恰恰是"两人"组成,这鲜明昭示出仁的理念贯通与统一的内涵。纷繁的万事万物,在仁的思想中纷纷前来报到,展现自己存在的意义与价值。从天人合一出发,多元多样恰恰统一在这个"一","一"在儒学中表达为仁。与此相辅相成的是,在实践里面则需要从仁的本源出发,"允执厥中",把握中道。《中庸》说:"喜怒哀乐之未发,谓之中;发而皆中节,谓之和。中也者,天下之大本也;和也者,天下之达道也。致中和,天地位焉,万物育焉。"致中和、不偏废的思想构成了中国儒家实践理论的最高智慧。儒学经典的《大学》中就说道,"自天子以至于庶人,一是皆以修身为本"。这句话透露出政治的根源是修身,而修身是无差别的,不论地位高低,而且修身是应当一以贯之的。传统思想的主流除了儒家,还有道家。道家的杰出代表庄子对和谐的另一个范畴"齐"做了最为精彩的发挥。庄子在《齐物论》中,把齐诠释为"齐物我、齐是非、齐大小、齐生死、齐贵贱",反对一方凭借所谓的高级先进去无视、凌夷另一方。

> 喜怒哀乐之未发,谓之中;发而皆中节,谓之和。中也者,天下之大本也;和也者,天下之达道也。致中和,天地位焉,万物育焉。
> ——《中庸》

2. 和谐是社会主义的本质属性

和谐思想贯穿于中国人生活的方方面面,涉及个人修养、国家治理、社会建设等不同层次的内容。夫妻之间讲究相敬如宾、琴瑟和鸣,家庭中要父慈子孝、六亲和睦、家和万事兴。做生意讲求和气生财,干事业提倡和衷共济,到了社会上也要"亲仁善邻"、"讲信修睦"。和谐是中国优秀传统文化的核心理念。我们这里所言的和谐,更是社会主义现代化国家在社会建设领域的价值诉求,是经济社会持续健康发展的重要保证。民族团结、国家安定、社会和谐是历史前进的重要基石。社会和谐是中国特色社会主义的本质属性。2004年党的十六届四中全会首次明确提出"和谐社会"的概念。2012年党的十八大报告提出"两个一百年"的奋斗目标,并把"必须坚持促进社会和谐"作为在新的历史条件下夺取中国特色社会主义新胜利必须牢牢把握的八项基本要求之一。

马克思对于未来共产主义曾经这样描写:"这种共产主义……是人和自然界之间、人和人之间的矛盾的真正解决,是存在和本质、对象化和自我确证、自由和必然、个体和类之间的斗争的真正解决。"①过去我们常常听到过未来社会的"三大差别"(工农差别、城乡差别和脑力劳动与体力劳动)消失,究其实质而言,就是一种根本性的和谐状态。中国特色社会主义是通向未来共产主义社会所必经的初始阶段,一切发展都是为了最终实现理想社会做准备、打基础。由此,社会主义的和谐观就应该包含这样的几个层次。

首先是人与人的和谐。显然这是指社会关系上的和谐。人是社会的产物,无法离群索居,因而社会属性就构成人的本质属性。具体的、实实在在的人,必然有他的历史文化背景和社会性生存条件,这些就是"人是社会关系总和"的含义所在。人与人在社会关系中的和谐,同时也是团结友爱的美德价值的要求和内容。社会主义不仅仅是制度,同时也是价值;不仅仅是对资本主义的制度超越,同时也是对资本主义制度下社会关系的价值超越。由是观之,这也是马克思主义人学的重要内容。当然,在社会主义条件下的人际和谐绝不是对历史文化的抛弃,相反是对于古今中外一切优秀文化批判继承基础上的新发展。

其次是人与自然的和谐。人与自然再也不能在主体一客体、征服者一被征服者的模式下被看待了。就当前形势而言,由人与自然的和谐而规定的任务就是生态意识、环保理念。20年前,甚至十几年前,一个人如果不注意环保似乎只是一个

> 大道之行也,天下为公。选贤与能,讲信修睦。故人不独亲其亲,不独子其子,使老有所终,壮有所用,幼有所长,鳏、寡、孤、独、废、疾者,皆有所养。
>
> ——《礼记》

---

① 《马克思恩格斯文集》第1卷,人民出版社2009年版,第185页。

无伤大雅的"小缺点"。可是在今天,当整个人类文明都处在生态失衡的巨大威胁之下,以至于直接关系到地球生物圈生死存亡了,如果一个人还对温室效应、碳排放、海平面上升、全球变暖等概念依然无动于衷或当成儿戏,那么,这将是这个时代的大的无知和愚蠢。所以,十八大报告及时而正确地把生态文明规定为"五位一体"建设之一是非常必要而紧迫的。

再次就是国家与国家之间的友好相处,即国际和谐。2014年6月第38次世界遗产大会上,中国与哈萨克斯坦、吉尔吉斯斯坦联合申报的关于丝绸之路的项目顺利入选世界文化遗产,标志着古老的丝绸之路将要焕发新的青春与活力。"五色交辉,相得益彰;八音合奏,终和且平"。弘扬丝绸之路精神,促进文明互鉴,共建和谐世界,也将成为未来中华民族与世界各国共同追求的目标。正如习近平主席出席和平共处五项原则60周年纪念大会时发表的讲话所指出的:"我们要尊重文明多样性,推动不同文明交流对话、和平共处、和谐共生……共同绘就人类文明美好画卷。"[①]2008年北京奥运会和2014年8月南京青少年奥林匹克运动会开幕式,那一幅幅激动人心的场景,引起华夏儿女心中无限的民族自豪感,也令世界各国人民感到惊赞。

当然,和谐也天然地包含着人的自我和谐,这也是与现代心理健康的要求是一致的。这就是说,促进和谐是要从我做起的,每个人都需要不断地提高修养、完善自我。儒家的重要经典中也提出:"大学之道,在明明德,在亲民,在止于至善。"每个人的道德修养提高了,社会生活中的好的一方面就得到

亲仁善邻,国之宝也。
——《左传》

---

① 习近平:《和谐:四海之内皆兄弟》,《人民日报》2014年8月12日,海外版。

增强,社会生活就会变得更加和谐。

3. 化解影响社会和谐的矛盾

一个时期以来,中国社会出现不少不和谐的现象,甚至是"乱象",诸种矛盾面临着走向冲突的可能。城乡之间、区域与区域之间、经济发展与环境保护、发展方式与资源利用等都出现了较为严重的矛盾,尤其是收入分配差距拉大、贪污腐败、食品安全事故频发、环境污染都成为必须严肃对待的问题。日常生活当中的医患纠纷、雾霾天数增多直接困扰着人们的生产和生活;与此同时来自国际社会方面的挑战也十分严峻。所以,构建和谐社会必须正视这些问题并认真加以解决。如果对当前中国社会种种突出矛盾稍做分析就会发现其中的原因是多方面的,也是复杂的,归结起来无非是没有落实科学发展观,导致生产、生活和生态等方面没有做到兼顾与统筹。和谐作为社会主义核心价值观的一项重要原则,既可以用来描述,又可以用来规范;而不和谐的背后往往也存在着不公正、不平等,甚至违背法律等。

提倡和谐,不是否认社会矛盾的存在,而是要求采取正确的方法去处理社会矛盾。促进社会和谐,这是一个不断化解社会矛盾的持续过程。比如一个时期以来,某些地方、某些部门,总是在千方百计压制矛盾、甚至掩盖矛盾,人为制造一种"和谐"。其实这是对和谐的误解,更是对和谐的损害。比如在拆迁中,有些农民因失地而上访,当地政府部门采用"围堵"的笨办法,生硬地阻止上访活动,而不是依靠法治在源头上建立拆迁补偿的合理方案。促进社会和谐,是每个公民的责任,更是共产党员和国家公务员尤其是担任领导职务的党员干部

> 君子和而不同,小人同而不和。
> ——《论语》

的责任。

和谐社会应具有这样一些特征：民主法治、公平正义、诚信友爱、充满活力、安定有序、人与自然和谐相处。简言之，和谐社会就是一个民主法治的社会，人们的权利和义务以及各种社会关系都要由法律来规范和确定，全社会要形成遵纪守法的意识和风气。这犹如宇宙自然中的日月经天、江河行地一般，犹如太阳系中的恒星、行星、卫星的圆周运动一样，有条不紊，生生不息。和谐宇宙的内在法则是万有引力，表现为相互吸引和相互排斥；和谐社会的内在法则是按照人所制定的合乎和谐要求的法律。归根结底，必须坚持科学发展，和谐发展。按照经济建设、政治建设、文化建设、社会建设、生态文明建设五位一体的总体布局，正确认识和妥善处理中国特色社会主义事业中的重大关系，统筹改革发展稳定、内政外交国防、治党治国治军各方面工作，统筹城乡发展、区域发展、经济社会发展、人与自然和谐发展、国内外发展和对外开放，统筹各方面利益关系，充分调动各方面积极性，努力形成全体人民各尽所能、各得其所又和谐相处的局面，走生产发展、生活富裕、生态良好的全面协调可持续的文明发展道路。十八大报告明确指出，必须坚持促进社会和谐。既然社会和谐是中国特色社会主义的本质属性，那么就要把保障和改善民生放在更加突出的位置，加强和创新社会管理，正确处理改革发展稳定关系，团结一切可以团结的力量，最大限度增加和谐因素，增强社会创造活力，确保人民安居乐业、社会安定有序、国家长治久安。

> 父子不和，其世破亡；兄弟不和，不能久同；夫妻不和，家室大凶。
> ——《说苑》

二、平等：社会主义的内在要求

平等，作为社会主义核心价值的一项原则，是社会主义的内在要求。《礼记·礼运》说："大道之行也，天下为公。选贤与能，讲信修睦。故人不独亲其亲，不独子其子，使老有所终，壮有所用，幼有所长，鳏、寡、孤、独、废疾者皆有所养，男有分，女有归。货恶其弃于地也，不必藏于己；力恶其不出于身也，不必为己。是故谋闭而不兴，盗窃乱贼而不作，故外户而不闭，是谓大同。"西方早在 16 世纪，空想主义者托马斯·莫尔就在他的《乌托邦》一书中描绘了一个废除私有制、产品归全社会所有、人人平等、个个参加社会生产劳动的理想图景。科学社会主义的创始人马克思、恩格斯对资本主义制度进行了揭露与批判，把实现物质财富极大丰富、人们精神境界极大提高、剥削和压迫最终消除、每个人都自由而全面发展作为自己最崇高的理想追求。人格平等、机会平等、规则公平是平等价值的根本要求。

1. 什么是平等

平等，顾名思义指人们在社会、政治、经济、法律等方面享有相等待遇，也泛指地位平等。法国著名启蒙思想家让·雅克·卢梭认为："人是生而自由的，但却无往不在枷锁之中。自以为是其他一切的主人的人，反而比其他一切更是奴隶。"① 虽然这里说的是自由，但是无疑也是指平等，即平等地享有自

> 平等，顾名思义指人们在社会、政治、经济、法律等方面享有相等待遇，也泛指地位平等。

---

① [法]让·雅克·卢梭：《社会契约论》，何兆武译，商务印书馆 2003 年版，第 4 页。

> 古者圣王之为政,列德而尚贤,虽在农与工肆之人,有能则举之,高予之爵,重予之禄,任之以事,断予之令。
> ——《墨子》

由,一个人不可以比另一个人享有更多的特权。卢梭在另一本书上还对科学艺术的发展是否有利于敦风化俗给出过严肃思考,并对不平等加以分析:"我认为在人类中有两种不平等:一种,我把它叫作自然的或生理上的不平等,因为它是基于自然,由年龄、健康、体力以及智慧或心灵的性质的不同而产生的;另一种可以称为精神上的或政治上的不平等,因为它是起因于一种协议,由于人们的同意而设定的,或者至少是它的存在为大家所认可的。"[1]卢梭的分析是很有见地的。自然的不平等而构成的差别,更应当看成是一种价值,而不是一方歧视另一方的根据。骆驼和羊,有不同的自然禀赋,蕴含着高大的价值或小巧的不同价值。这种看上去的"不等",恰恰是一种造化之功,恰恰是价值差别的绝妙分配。正所谓高大有高大的长处,小巧有小巧的优点。

平等不是等同、相同。这样看问题,就会犯僵化而庸俗的认知错误。比如,忽视男女禀赋差异而追求的男女平等的平等,结果反而会损害男女双方应有的平等。一个时期里,出现过女拖拉机手、女突击队队员,在堂皇的"妇女能顶半边天"的口号下,片面理解男女平等概念,将其错误而直接地和"男女相同"画上等号。

平等也不是平均。对平等和公平概念最大的误解还是将其解读为平均。所谓"平均",简单而言就是"要有大家都有,要没有大家都没有"。显然这是忽视了人与人因为先天禀赋和后天贡献不同而带来的工作结果的大小多少之差别。这样

---

[1] [法]让·雅克·卢梭:《论人类不平等的起源和基础》,李常山译,商务印书馆1962年版,第70页。

的平均只能令更有能力、更积极、更有德性的人感到沮丧。滥竽者之所以能充数,就是因为齐宣王采取的是集体演奏平均分配的方式,以致"廪食以数百人"①。齐湣王采用了差别原则,结果那位南郭处士只好狼狈而逃。当公平以平均甚至以平均主义出现的时候,总是社会发展处于超稳定的状态,革故鼎新也是最艰难的时期。这种思想倘若存在于极个别人身上,还未见得有多少危害,可是一旦全社会流行观念都是平均主义,那么,社会的发展与进步将变得寸步难行。

另一个值得我们警惕的是,统计学上的平均。数学上我们常常听说"求平均"这个概念,如"平均每人植树多少棵"等,这似乎仅仅是一道应用题而已。统计学上的平均,往往也掩盖了差异,这倒是值得我们去留心的,因为这个平均值既表明了数学上的一般,同时有遮蔽了实情的一般。今天各类各样的"人均……",往往不能反映一些真实情况。因为大量存在的事实是,很多人都在这个平均数以下,所以,他们会因为这个平均值而感到自己的落后与不及。换句话说他们是"被平均"的结果。例如,平均工资、平均住房面积等等。

中国历史上多次出现以农民起义为导火索的改朝换代。秦末的陈胜、吴广的口号是"王侯将相,宁有种乎?"唐末黄巢的口号是"天补均平"。宋代的王小波、李顺的口号是"吾疾贫富不均,今为汝均之!"而钟相、杨幺的口号则是"等贵贱,均贫富"。明末李自成的口号是"均田免粮"。清代太平天国运动的纲领是"有田同耕,有饭同食,有钱同使,无处不均匀,无人不饱暖"。一方面他们都看到土地兼并、贫富不均,所谓"朱门

> 官无常贵而民无终贱。有能则举之,无能则下之。举公义,辟私怨,此若言之谓也。
> ——《墨子》

---

① 《韩非子·内储说上》。

酒肉臭,路有冻死骨"的触目惊心的图景,因而提出了改变这种状况的种种主张,应该说具有革命的、积极的意义;但是另一方面,他们这些口号中带有浓厚的平均思想,基本上否认了任何正常而合理的差别,因而就得不到中上阶层与知识分子的一致拥护,反倒容易被利用。这也表明他们政治与社会认识的简单与粗陋。资产阶级同盟会的口号是"驱除鞑虏,恢复中华,建立民国,平均地权"。这里,平均首次在权利意义上提出,因而显得弥足珍贵,但遗憾的是,建立现代国家的主张又窒息在驱除鞑虏这样错误的认识上。

2. 中华民族传统平等观念评析

> 子曰:"有教无类。"
> ——《论语》

总体来看,中华民族传统文化中关于平等有着很多极为有价值的讨论,对于社会不平等所引发的冲突有着深刻的认识,因此先哲们总是试图构建理想的社会秩序。就儒家而言,他们的方法主要是消解差异。所谓"消解",就是把现实中物质财富的差距仅仅放在一定层次上,而将道德置于更高的地位。这种思想集中体现在"安贫乐道"上,人们对权利平等与平等发展的诉求消解在道德境界的追求上。入孝出悌成为君子的道德感,成了一种近乎义务性的德性要求,而礼的规定正是要确认这样的差别,所谓"礼别尊卑"、"乐殊贵贱"。当然,儒家并没有忽视世俗生活的物质层面,如《论语》就强调过"见利思义"、"富而不骄"。显然,这就表明孔子从来没有限制人们追求现实利益的平等与富有,只是说这样的追求要符合道义,以仁义为准绳,而且富有好礼之后还要铭记"博施广济"。

相比之下道家的平等观念要更加浓郁了,也许老子是看到了儒家的社会理想多少带有某种束缚性,因此提出了天道观。《道德经》第七十七章说:"天之道,其犹张弓与!高者抑之,下者举之,有余者损之,不足者补之。天之道,损有余而补不足。"统治的一方要懂得无为,这样万民才能自然,于是种种不足将自发受到天道的调节而趋于均衡。老子之"天"是自然之天也是自然的内在法则,天道之损有余而补不足,并不带有某种目的性,而是自然而然、顺其自然地进行的,这是天地间的自然法则,在这一自然法则的作用下,万物的存在会自发地达到某种相互均衡的状态,既无有余者亦无不足者,此所谓"自均"。庄子的平均思想更是推及到极端了,在《齐物论》说"天下莫大于秋毫之末,而太山为小;莫寿于殇子,而彭祖为夭。天地与我并生,而万物与我为一",这表明如果取消一切差别,只把绝对当成存在,差别当成虚无,那么一切人间既有的差别都无所谓了。庄子还在《天下篇》记载过惠施的观点:"天与地卑,山与泽平。日方中方睨,物方生方死。大同而与小同异,此之谓小同异;万物毕同毕异,此之谓大同异。"高天和平地一样,山岭和沼泽一样。太阳既当空又偏斜,万物刹那生灭。大同和小同不同,只是小的异同;万物毕竟还是归于各自有别,这却又是相同的了,因而叫作大同异。这几句总括起来被人们称作"合异同",它因为把相对说成是绝对,因此日常绝对的差别又只是相对,甚至是无差别了。这种在设定了某种条件和语境之下的平等思想,虽然在哲学思辨上有重要意义,甚至可以为处在某种情境下的个体获得心灵解脱,但是毕竟无法支撑人世间的社会生活和政治生活。

墨家基于"农与工肆之人"的平民化立场,强调了人格平等,提出了一种无差别、无等级的"兼以易别"的平等观,针对儒家的"仁爱"和其"唯上智而下愚不移"的差序伦理观,提出

> 天下莫大于秋毫之末,而大山为小;莫寿于殇子,而彭祖为夭。天地与我并生,而万物与我为一。
>
> ——《庄子》

了"官无常贵而民无常贱"的平等观,主张应当从"农与工肆之人"中培养名副其实的"兼士"或"贤良之士"来治理国家。首先,墨家的平等观主要体现在他的"兼爱"学说之中。"兼相爱"思想是一个不分血缘亲疏和身份贵贱,普遍平等地相爱互助的思想。"兼"的本意就含有平等和对等互报之意。其次,墨子的尚同思想体现出墨家对平等观念的诉求。墨子主张天下之百姓同于天子,百姓与天子皆同于天。而天实际上就是国家百姓之利或人民的意志的化身(民意的神化)。天子必须选立贤人理政,而天子的权力也必须受天的监督和制约。他主张人性的自然平等和社会平等,其又包括法律平等、血缘平等、门第平等、宗教平等。墨者是针对贵族的宗法等制度提出了"杀人者死,伤人者刑"的墨者之法。在《墨子·尚同》有"上同而下不比"的观点;在《墨子·尚贤上》有"官无常贵,民无终贱"的提法。平民应有尚贤、择贤的天赋人权,因此《墨子·尚贤中》中说:"是故选择天下贤良知慧之人,立以为天下贤良圣知辩慧之人,立以为天子,使从事乎一同天下之义。"墨子认为,择贤的条件就是看其能否行天下之义,即施行"兼相爱,交相利"的总方针。

可见,唯有来源于小手工业的墨家在平等观念上较儒家、道家有更加深刻的见解,但是遗憾的是在历史的长河中墨家的生命是短暂的。总之,传统文化中对于平等的理解往往窒息在平均主义上,用孔子在《论语》的一段话来概括就是:"丘也闻有国有家者,不患寡而患不均,不患贫而患不安。盖均无贫,和无寡,安无倾。夫如是,故远人不服,则修文德以来之。"孔子的意思是,对于诸侯和大夫,不怕贫穷,而怕财富不均;不怕人口少,而怕不安定。由于财富均了,也就没有所谓贫穷;

> 是故选择天下贤良圣知辨慧之人,立以为天子,使从事乎一同天下之义。
> ——《墨子》

大家和睦,就不会感到人少;安定了,也就没有倾覆的危险了。因为这样,所以如果远方的人还不归服,就用仁义礼乐招徕他们;已经来了,就让他们安心住下去。不患寡而患不均,不患贫而患不安成为漫长的封建王朝时期,统治者们苦心孤诣要考虑的重点问题了。

3. 社会主义平等观

在历史唯物主义看来,平等是具体的历史范畴,不可离开一定的历史条件下来谈论平等问题。中国现在处于并将长期处于社会主义初级阶段,其突出表现就是发展很不平衡,其中人们收入差距不断拉大最为突出。所以平等问题在当前显得尤为复杂。正因为如此,树立正确的平等观就尤为重要。当前我们要树立正确的公平观,一方面要体现社会主义的本质,另一方面也要从基本国情出发,反映转型期社会矛盾凸显的现实情况。这样中国特色社会主义平等观必然包含逐步满足的三个层次。

一是在政治上,平等体现在由宪法确认的公民基本权利平等。这是因为,在生产资料社会主义公有制条件下,"全体公民在同整个社会的生产资料的关系上处于同等的地位,这就是说,全体公民都有利用公共的生产资料、公共的土地、公共的工厂等进行劳动的同等的权利"[①]。邓小平在1985年的《一靠理想二靠纪律才能团结起来》中说:"一个公有制占主体,一个共同富裕,这是我们所必须坚持的社会主义的根本原则。"它为中国特色社会主义平等观奠定了价值基础与合法性

> 故凡同类者,举相似也,何独至于人而疑之?圣人与我同类者,非独贤者有是心也,人皆有之。
>
> ——《孟子》

---

① 列宁:《列宁全集》第20卷,人民出版社1990年版,第391—393页。

根据。

二是在经济上,平等体现在机会平等、规则平等和形式平等。也就是说,现阶段我们依然承认天然差别,充分调动投资和生产的积极性,允许资本、技术、管理等参与分配。当然,目前我国应该加大劳动在收入分配中的比重,积极构建和谐的劳资关系,鼓励人们通过诚实劳动与合法经营实现富裕。邓小平提出,让一部分人先富起来是符合中国国情和发展规律的,通过先富带后富,实现共同富裕,这是中国特色社会主义平等观的时代内容。

三是在社会建设上,平等体现在再分配中的补偿原则,加大社会保障力度,逐步实现形式平等与实质平等的有机统一。也就是说,在再分配领域,我们必须通过完善社会保障等手段,给予处境较弱者以更多关注。要处理好平等和效率的关系,既能促使人们勤奋敬业,又能通过社会保障,给予处境较弱的人以基本、体面的生活,以保障起点平等与社会和谐。

在上述"三个层次"中,第一个层次优先于第二个层次,第二个层次又优先于第三个层次。如果它们之间出现矛盾,必须依照这样的原则来加以解决。当然,针对我国收入差距已经拉大的现实情况,目前更应该在加大第三个层次的平等上下功夫,把权利平等、形式平等与实质平等有机统一起来。[①] 当然就现实来看,我们很多方面还没有充分落实平等观。比如迁徙的平等,这就是一个需要通过改革才能逐步加以解决的问题。《人民日报》在2013年登载了欧阳洁的文章《户口更平等,改革才能水到渠成》。文章分析指出:人们希望获得一

> 五亩之宅,树之以桑,五十者可以衣帛矣。鸡豚狗彘之畜,无失其时,七十者可以食肉矣。
> ——《孟子》

[①] 张二芳:《中国特色社会主义平等观探析》,《科学社会主义》,2012年第3期。

张城市户口或者大城市户口,主要是因为户籍与每个人的切身利益紧密相连,背后是医疗、教育、社保、养老等方方面面的保障和福利。身处大城市,如果没有一张户口,就会遭遇各种不便,看病没法报销,连挂号费都比本地人高出数十元;子女上学要交"赞助费";买房购车受限制……一张户口纸上承载太多附加值,让人们趋之若鹜。户籍制度的背后是与之挂钩的公共服务、社会资源等,而目前我国城乡、大城市与中小城市的公共服务水平相差较大。正因为此,如果仅仅是简单的放开,就可能出现大量人口短期内向优势资源城市聚集,最终造成已满负荷运转的少数大城市无法承载。户籍制度的矛盾,从根本上说还是公共服务资源不均衡的矛盾。因此,要真正实现人口的"自由迁徙",也需对症施策,推进公共服务的均等化,让更多的人在中小城市,甚至在农村都有更多的发展机会和生活保障。户口的"含金量"相对均等后,户籍制度的改革才能水到渠成。① 正是因为平等在当前依然还是问题,所以平等才是值得我们去追求的价值。

总之,社会主义平等的本质要求,就是要同时解决好发展生产力和防止两极分化,处理好平等和自由、平等和效率、形式平等和实质平等的关系,为实现人自由而全面发展奠定坚实的基础。这个要求和过程和保证人民当家做主的社会主义性质是完全一致的。

> 社会主义平等的本质要求,就是要同时解决好发展生产力和防止两极分化,处理好平等和自由、平等和效率、形式平等和实质平等的关系,为实现人自由而全面发展奠定坚实的基础。

---

① 欧阳洁:《户口更平等,改革才能水到渠成》,《人民日报》,2013 年 11 月 12 日。

三、公正：社会主义的基本准则

"公正"是人类自古以来的价值追求,社会主义社会核心价值观将公正作为一项重要原则,有其特定的含义和要求。

1. 公正及其类型

"公正"是公平和正义的合称。公正是权利(利益)的平等交换,其核心要求是"不偏不倚、一视同仁"、在同一标准规则下的相同对待。公平一般是指对于以利益分配对称为核心的人与人之间的社会关系做出的价值评判,合理划分利益是公平的深层本质;正义的基本内涵是人们各守其位,各司其职,各取所值,做当做之事,得当得之物,其核心意旨是权利和义务、获取和付出、权力和责任之间达到基本的平衡。除非处于特别需要将公正区分为公平和正义,一般而言人们都是在将两者包含起来的意义上使用公正这个概念。

公正内涵丰富,有不同的层面。在经济上的公正要义在于分配的公正,对弱势的保护,共享改革开放和社会发展的成果。在政治上的公正要义在于制度设计与制度安排的公正合理。在法制上的公正集中表现在权利与义务的对等一致,以及一切违法犯罪都受到相应的法律惩治,承担相应的法律后果。在道德上的公正主要体现在善恶观念下的德福一致要求,即道德和福祉相称与一致。

建设社会主义现代化强国,实行公正原则的重点是处理好效率与公平的关系,落实分配正义,以及通过制度与保障体系下的社会正义建构。毋庸讳言,如今一些领域内公平正义

> "公正"是公平和正义的合称。

尚未真正落实。最近的《人民日报》在"改革热点面对面"之六,"谈养老保险制度改革"话题时,登载了《织就老有所养的安全网》一文。文章指出养老保险制度还不够完善,"公平性不足。因身份、地区、行业等不同,不同人群参加的养老保险制度类型也不同,退休后的养老保险待遇差别较大。企业退休职工基本养老金从2005年以来已连续提高10次,目前每月为2000多元,而新农保的基础养老金只有55元;再如,有研究统计,2013年事业单位退休人员月均养老金是企业退休职工的1.8倍,机关退休人员月均养老金水平是企业退休职工的2.1倍"①。文章最后也中肯地点评分析道:养老保险制度存在的这些问题,是历史因素和现实矛盾长期积累的结果,已经影响了社会和谐稳定,也制约了经济社会持续健康发展。必须以更大的力度推进改革,进一步完善养老保险制度,解决每个人的后顾之忧,让老年人生活得更加体面、更有尊严。所以,我们必须学习借鉴古今中外的公正观的合理内容,实现真正的公平公正。

2. 中国传统公正观及其当代价值

古往今来,人类对公平正义的诉求的脚步从未停歇。西方的柏拉图在他的《理想国》里把国家和人看成是可以类比的。正义的人是把智慧(头部)、勇敢(胸膛)和节制(腹部)结合起来加以运用;正义的国家是金质之人为统治者(德性是智慧),银质之人为军人(德性是勇敢),铜铁之人为劳动者(德性

> 公者无私之谓也,平者无偏之谓也。
> ——何启

---

① 《改革热点面对面之六,谈养老保险制度改革》,《人民日报》,2014年8月28日。

是节制)。① 柏拉图认为,正义的品质即是能产生和保护智慧、勇敢与节制,对于城邦而言,正义体现为"一个人干他自己分内的事而不干涉别人分内的事",即生产者与护卫者服从统治者,建立分工之上的和谐。"各守其职,各安其分",这便是柏拉图找寻到的"正义"了。这种正义不仅可以体现于城邦之中,柏拉图还将其推衍至个人。他将统治者、护卫者、生产者三种分工对应为人的理性、激情与智慧。让一个人达至和谐状态,即是要让他的欲望与激情服从于理性,这便是个人的正义。柏拉图的弟子亚里士多德对于公正做出过更加细致的讨论。他认为公正是"交往行为中的总体德性"②。违法和不平等则是直接违反公正的,反之,合法和平等是公正的要义;作为具体的德性,亚氏谈论了分配的公正、回报的公正和矫正的公正。西方先哲们的讨论尽管存在这样或那样的缺陷,但是都成为我们今天思考、实践公正价值的重要参考。

> 公之为言,公正无私也。
> ——班固

在中国古代公正的讨论是和公私观联系在一起的。比如,春秋战国时期社会公正思想的基本内涵是,要求广大社会成员不论贫富、贵贱、智愚、强弱、亲疏、远近,都一视同仁;强调公正与私行的对立,确立以公共利益为出发点;认为社会公正应是圣王国君和各级官吏的基本道德。实现社会公正,一是法制的作用,行公法是实现社会公正的可靠保障;二是最高统治者国君的作用;三是以官吏选拔方面的公正公平去实现社会的公正公平。例如思想家管子说:"圣人法之,以行法令,以治事理。凡法事者,操持不可以不正。操持不正,则听治不

---

① [古希腊]柏拉图:《理想国》,郭斌和、张竹明译,商务印书馆1986年版,第128页。
② [古希腊]亚里士多德:《尼各马可伦理学》,廖申白译,商务印书馆2003年版,第130页。

公。听治不公则治不尽理,事不尽应。治不尽理,则疏远微贱者无所告诉;事不尽应,则功利不尽举。功利不尽举则国贫,疏远微贱者无所告诉则下饶。故曰:'凡将立事,正彼天植。'"①法家的集大成者韩非说:"禁主之道,必明于公私之分,明法制,去私恩。夫令必行,禁必止,人主之公义也。"②可见他们都在公私之间严格加以区分,唯有如此才能政令畅通,令行禁止,国家治理才有威信和效果。当然古代影响力最大的还是儒家的公正思想。其中,大道之行天下为公,为政以德,政者正也,举直错诸枉,周急不济富,己立立人,己达达人,己所不欲勿施于人,以及义利之辨等都蕴含着公正的宝贵思想。实际上,人们之所以要求公正公平最主要原因还是利益上存在分歧。假如现实利益的分歧被降低到一定程度,对公正的要求将变得非常之弱了,所以义利之辨在传统中占有重要地位。张栻在《孟子讲义》的序中称:"学者潜心孔孟,必得其门而入,愚以为莫先于义利之辨。"陆九渊教人,以义利之辨为先。"傅子渊自此归其家,陈正己问之曰:'陆先生教人何先?'对曰:'辨志。'正己复问:'何辨?'对曰:'义利之辨。'若子渊之对,可谓切要。"③朱熹更是说:"义利之说乃儒者第一义。"④这一点恰好也解释了古代中国为何把公正问题主要放在公私问题,而不是如同西方一样明显地放在政治与法律层面上。由此,也可以引申出制度建设对于当代社会是重要的,但是我们也不能矫枉过正地陷入制度崇拜。比如为人津津乐道的"先

> 禁主之道,必明于公私之分,明法制,去私恩。夫令必行,禁必止,人主之公义也。
> ——韩非子

---

① 赵守正:《管子注译》下册,广西人民出版社1982年版,第212页。
② 陈奇猷:《韩非子集释》,上海人民出版社1974年版,第311页。
③ 陆九渊:《陆九渊集》,中华书局2008年版,第398页。
④ 朱熹:《朱子全书》第21册,安徽教育出版社2002年版,第1082页。

切苹果者后拿"。如果说,这样的分配可以确保起码的平等是对的,但是如果认为只有这样才是唯一正确的,甚至是最高的,就值得分析了。因为,这个设计方案首先就预设了切苹果者是偏私的,而且同时也预设了参与分苹果者也是自私自利的。切苹果者自己取小块,或者拿苹果者取小块,这都不是礼让精神的表现吗?所以,制度可以很好地防止自私和为恶,但是对提升人的精神境界则无法提供更多的资源和保证,这一点中国传统文化恰恰有着自己的优势。

> 子曰:"其身正,不令而行;其身不正,虽令不从。"
> ——《论语》

中国传统公正观值得今人注意的是,无论是执政者还是普通百姓,与人为善、克己奉公的道德自律品质是第一位的,不仅仅看中人的基本能力和素养,而且更加强调人的德性。这样就大大降低了人们对公正本身的诉求,公正观反倒不成为首要问题了。在礼治与孝治的系统下,每个人都按照自己的德性和地位按照比例与尺度分配利益,所谓"禄在其中"。我们看到当前很多违反公正的案件中,主要责任人既有违背制度的一面,更有廉洁自律废弛的一面。诚然儒家思想中也有轻视制度建设的层面,这将成为当代法治建设的最需反思之处。君君臣臣、父父子子的家国同构观,民可使由之不可使知之等级观,不在其位不谋其政等一系列观念与当今社会存在诸多不太兼容的因子。当然,这也是所谓的"内圣有余外王不足"总体评判的一部分。但儒家对美德与好生活的渴慕必将为培育和践行社会主义核心价值观提供精神资源和支撑。

3. 运用平等与公正促进社会和谐

与平等一样,公正也是具体的历史范畴,不存在永恒、普适的公正观。社会主义核心价值观所倡导的公正理念和价值原则,是基于最广大人民群众根本利益提出的无产阶级公正理念,比历史上的一切公正理念,包括资本主义在内的公正理念,都更具有优越性。

马克思主义认为,资产阶级公正观是基于符合资产阶级利益的生产资料私有制提出的,其公正的唯一尺度在于商品经济的等价交换原则,除此之外便只有剥削和不平等。马克思指出:"自由!因为商品例如劳动力的买者和卖者,只取决于自己的自由意志。他们是作为自由的、在法律上平等的人缔结契约……因为他们彼此只是作为商品占有者发生关系,用等价物交换等价物。"①一方面,我们必须高度重视社会主义制度和资本主义制度的制度差别,以及因此对公正价值追求的差别,另一方面也必须深刻把握马克思主义关于公正和社会存在关系的论断。整体而言,社会主义制度的确立不仅更加重视公正,而且为真正解决不公正提供了资本主义制度无法提供的空间。当然,这并不意味着当前我国的公正问题已经得到了很好解决,更加重视并努力促进社会公平正义是党和国家当前和未来工作的重中之重。眼下亟待解决的问题主要是收入差距、发展差距、特权腐败、身份歧视和利益固化等突出问题。十八大的报告明确提出,公平正义是中国特色社会主义的内在要求,需要在全体人民共同奋斗、经济社会发展的基础上,加紧建设对保障社会公平正义具有重大作用的制度,逐步建立以权利公平、机会公平、规则公平为主要内容的社会保障体系,努力营造公平的社会环境,保证人民平等参与、平等发展权利。如果单就制度保障层面而言,分配方式上

> 屈平疾王听之不聪也,谗谄之蔽明也,邪曲之害公也,方正之不容也。
> ——《史记》

---

① 《马克思恩格斯文集》第 5 卷,人民出版社 2009 年版,第 204 页。

公平正义的呼唤是尤为紧迫的。

2005年2月,胡锦涛明确指出,维护和实现社会公平与正义,涉及最广大人民的根本利益,是我们党坚持立党为公、执政为民的必然要求,也是我国社会主义制度的本质要求。这就把公平正义与党的性质和宗旨、社会主义的本质属性和历史任务紧密结合起来,标志着我们党对社会公平理论的认识达到一个新的高度。社会主义的公正就是使人民群众真正平等地、真正普遍地参与一切国家事务,大家都有决定国家制度和管理国家的平等权利。社会公平是包括权利公平、机会公平、规则公平和分配公平在内的系统工程。其中,权利公平体现着各社会成员平等的生存权和发展权,是实现社会公平的逻辑和实践起点。机会公平指对每个具有相似禀赋的人来说,都应当有大致平等的教育和发展前景。那些具有同样能力和志向的人的期望,不应当受到他们的社会出身的影响。机会公平是社会公平的存在形式和实现社会公平的重要环节及必要保障。规则公平则要求社会主体在参与经济和社会发展的过程中,面对的行为规范和行动准则都必须正确地、真实地反映现实社会生活中的各种关系及其相互作用,体现人民群众的愿望和要求。在人与人各种关系中,利益分配关系是最重要的一种。分配公平指每个劳动者都有获得正当利益和社会保障的权利,不因素质、知识、能力、性别等方面的差异而使其政治地位、经济地位、生活享受等方面产生巨大的或本质上的差异。

分配公平体现着社会财富分配的合理性和平等性,是人们评判公正与否及公平程度的直接的主要的依据,是社会公平的实际体现和最终归宿。公正合理的分配制度有利于激发

> 理国要道,在于公平正直。
> ——《贞观政要》

人们的创造活力,有利于维护与促进人自身的发展,这正是最高意义上的公平正义,最能促进生产的是能使一切社会成员尽可能全面发展、保持和运用自己能力的那种分配方式。因此,在社会各成员之间恰当地进行利益分配,并把这种分配关系以制度的形式相对固定下来,以形成一种公平合理的人际关系,激发人们的创造活力,维护和促进人们的共同生活,以增进整个社会的和谐程度,就成为社会公平的核心。

合理的收入分配制度是分配公平的重要内容,它包括国民收入的初次分配和再分配两个环节。就社会主义初级阶段的分配制度而言,有"等量劳动领取等量报酬"的按劳分配和"等量贡献领取等量报酬"的按生产要素分配,其中"劳动"和"贡献"的大小是由公开、公正且透明的市场加以判定的,体现了社会主义讲究效率、追求公平的原则。按生产要素分配不可避免会造成收入差距过大的倾向,因此它仅是起点的公平。国民收入的再分配,则是在初次分配基础上,为了克服初次分配的局限性,协调个体同社会之间利益关系,本着社会本位精神所进行的一种分配,其价值取向在于既承认和充分维护个体利益,又不至于因个体利益损害社会公众、公共和总体的效率和公平,实现真正的和更高层次的社会公平正义,即社会主义的"矫正的正义"或补差原则。其实,单纯地追求效率,就其本身而言也是符合正义的。比如袁隆平得了荣誉和奖励,我们丝毫不感到任何不妥,因为我们都毫无例外地认为他有资格享有这个回报。一个不善经营的业主即使亏了本,我们也依然觉得正常而合理。两者的差别其实就是效率,他们给社会带来的利益是不同的。所以,基于效率的正义也是正义的一种类型。但是,一旦社会财富在个体之间、区域之间存在巨

> 故化成俗定,则为人臣者主耳忘身,国耳忘家,公耳忘私。
> ——《汉书》

大差距,以至于影响大多数人的正义感,影响到社会的健康稳定发展,那么基于效率的正义就要让位于基于公平的正义了。

探索一条既能克服资本主义发展中两极分化的一面、又能发展生产力的中国特色社会主义道路是中国共产党的伟大构想,这条道路就是在坚持社会主义基本关系框架的前提下,通过改革开放使中国生产力得以发展,为真正的公平开辟道路。邓小平提出了"先富"与"共富"的思想,即鼓励一部分地区和一部分人先富起来,这是一个大局,全国都要服从;发展到一定程度,先富起来的地区和人群要带动和帮助其他的人走向共同富裕,这也是一个大局。在从"先富"到"共富"的过程中,收入差距的扩大不可避免,公平合理的收入分配制度一定时期必将成为事关社会主义前途命运的大问题。对此,邓小平在1993年9月一次讲话中明确指出:"富裕起来以后财富怎么分配,解决这个问题比解决发展起来的问题还要困难。""分配不公,会导致两极分化,到一定时间问题就会出来。这个问题要解决。过去我们讲先发展起来。现在看,发展起来以后的问题不比不发展时少。"[1]这是中国特殊国情的必然结果,也充分说明分配公平在整个社会公平中的决定性作用。

中国特色社会主义分配公平应该是既能体现社会主义基本生产关系,又能促进生产力的发展和生产关系的不断完善,为真正的社会公平创造条件。改革开放之前,正是因为我们忽视了生产力发展水平对社会公平的决定性作用,片面地追求生产关系的完善,导致分配领域里平均主义盛行,严重地挫伤了广大劳动者的积极性和创造性。中国共产党在反思我国

> 衡之于左右,无私轻重,故可以为平;绳之于内外,无私曲直,故可以为正。
> ——《淮南子》

---

[1] 《邓小平年谱》,中央文献出版社2004年版,第1363—1364页。

社会主义建设经验教训的基础上,深刻认识到贫穷落后绝不是社会主义、发展太慢也不是社会主义,社会主义就是要在生产力高度发展的基础上实现全体人民的共同富裕。为此,我们毅然把全党全国人民的工作重心转移到经济建设上来,并把解放生产力、发展生产力作为社会主义的本质、社会主义的根本任务和执政兴国第一要务来抓,不是立即消灭私有制,而是允许个体经济、私营经济和"三资"企业的存在和发展。以公有制为主体、多种所有制经济成分共同发展的社会主义初级阶段的基本经济制度和按劳分配为主体、多种分配方式并存的分配制度使得我国改革开放过程中出现了一种悖论:一方面坚持要消灭剥削、消灭由生产资料占有的不平等造成的分配的不平等,另一方面又要鼓励和壮大非公有制经济的发展;一方面把消除两极分化、实现共同富裕作为社会主义制度与资本主义制度的本质区别,另一方面又不得不承认"两极分化是自然出现"。只有不断促进生产力的发展,社会主义的生产关系才能得到逐步完善,进而从根本上消灭剥削,消除两极分化,真正实现社会公平。

　　社会主义最终的价值取向是实现共同富裕和社会公平,但社会公平实现的程度,在不同的国家和同一国家的不同阶段是各不相同的。这种不同,从根本上说,就是不同国家和同一国家不同阶段的具体情况不同造成的,它主要包括不同国家不同阶段的生产力发展水平不同,不同国家不同阶段的社会主义者对社会主义本质的认识理解不同,不同国家不同阶段的历史环境和历史事实不同,马克思说过:"在将来某个特定的时刻应该做些什么,应该马上做些什么,这当然完全取决

> 公生明,偏生暗。
> ——《荀子》

于人们将不得不在其中活动的那个既定的历史环境。"①即使同一个国家的同一个发展阶段,社会公平程度也在不断地进行着量的积累。把分配公平放在一个动态的视野下思考,有助于我们正确理解发展过程中出现的一些不公平的现象,从而坚定社会主义的信念。在我国,社会公平程度的相对提高是由分配公平理论和制度的不断完善来体现的。改革开放以来,我国分配制度经历了从"兼顾效率与公平"到"效率优先、兼顾公平"再到"坚持各种生产要素按贡献参与分配,更加注重社会公平"的历史沿革,显示了社会公平程度的逐步提高。

党的十四届三中全会通过的《中共中央关于建立社会主义市场经济体制若干问题的决定》,明确提出"建立以按劳分配为主体、效率优先、兼顾公平的收入分配制度,鼓励一部分地区和一部分人先富起来,走共同富裕的道路"。它的提出与社会主义市场经济体制改革目标的确立有密切关系,也是改革开放探索的重要成果,突破了先前"兼顾效率与公平"的提法,意味着分配公平在效率面前只处于次要的地位。在效率优先、兼顾公平理论指导下,我们开始建立国家对职工工资的宏观调控机制;国家还设立最低工资标准,并积极推进个人收入的货币化和规范化;通过逐步建立个人收入应税申报制度、依法强化征管个人所得税等手段完善收入再分配机制。

如果说改革开放之初,我们国家面临的最大问题是生产力发展的话,那么经过一段时间的发展,随着社会财富的增加,分配性的矛盾和冲突凸显并影响到了改革的继续深化与经济的可持续发展,甚至也威胁到了先富地区与人群的利益

> 若夫尧眉八彩,九窍通洞,而公正无私,一言而万民齐。
> ——《淮南子》

---

① 《马克思恩格斯选集》第4卷,人民出版社1995年版,第642页。

时,对改革的重点做适当的调整,更多地强调公平问题,就成为历史发展的必然。邓小平晚年曾经提出了解决分配问题的时间表:"什么时候突出地提出和解决这个问题,在什么基础上提出和解决这个问题,要研究。可以设想,在本世纪末达到小康水平的时候,就要突出地提出和解决这个问题。"①1999年,我国的居民收入基尼系数达到 0.397,接近收入差距较为合理的 0.4 的国际警戒线;2000 年,居民收入基尼系数达到 0.417;2013 年全国居民收入基尼系数为 0.473,超过了国际警戒线。汲取世界其他国家发展中的经验教训,解决因收入差距过大引发的社会问题,为今后的发展创造良好的条件,就成为一个突出的问题摆在我党面前。

2004 年,党的十六届四中全会强调指出:"注重社会公平,合理调整国民收入分配格局,切实采取有力措施解决地区之间和部分社会成员收入差距过大的问题,逐步实现全体人民的共同富裕。"这里的"注重社会公平"、解决"收入差距过大的问题"、实现"共同富裕"讲的都是社会公平问题,至此,持续十多年的"效率优先、兼顾公平"的提法被打破,公平不再处于被兼顾的地位而是作为重点予以强调。2005 年,十六届五中全会针对分配领域存在的突出问题,提出要"注重社会公平,特别要关注就业机会和分配过程的公平……努力缓解地区之间和部分社会成员收入分配差距扩大的趋势"。这一方面说明了我国的确出现了收入差距过大的情况,如果不妥善处理,我国的社会主义建设事业就有可能遭受重大挫折;另一方面也说明,之前我国经济快速增长所积累的雄厚的经济实力为进

> 注重社会公平,合理调整国民收入分配格局,切实采取有力措施解决地区之间和部分社会成员收入差距过大的问题,逐步实现全体人民的共同富裕。

---

① 《邓小平文选》第 3 卷,人民出版社 1993 年版,第 373—374 页。

行分配政策调整、实现社会公平奠定了物质基础。[1] 2007年,党的十七大更是从初次分配和再分配两个层次提出了完善分配制度,实现社会公平,只有在初次分配中处理好公平与效率的问题,再分配才能更有效地发挥更加注重公平的功能,这就把公平问题提到一个更加突出的位置。为此,一方面强调要提高劳动报酬在国民收入初次分配中的比重,并创造条件让居民拥有财产性收入,另一方面把收入分配从直接的物质收入领域,扩展到社会保障、公共服务、对特殊人群的救助如养老保障、基本养老保险、基本医疗制度以及农村的各种医疗保障措施等,其目的就是让公共服务之光普照城乡,达到全民共享的目标。2012年,党的十八大则进一步提出:"千方百计增加居民收入,实现发展成果由人民共享,必须深化收入分配制度改革,努力实现居民收入增长和经济发展同步,劳动报酬增长和劳动生产率提高同步,提高居民收入在国民收入分配中的比重,提高劳动报酬在初次分配中的比重。初次分配和再分配都要兼顾效率和公平,再分配更加注重公平。"从完善初次分配机制、加快健全再分配调节机制、多渠道增加居民财产性收入、增加低收入者收入、调节过高收入、取缔非法收入等方面,提出相应的措施。

总而言之,运用社会主义的平等和公正价值原则促进社会和谐,是一项长期的战略任务,需要坚持马克思主义的平等观和公正观,立足于中国国情,实事求是,积极而又审慎地推进。这将是一个长期的发展过程。

---

[1] 高宝琴、张锡恩:《试析分配公平的前提与内涵》,《中国特色社会主义研究》,2009年第3期。

≫学习思考题≫

1. 当前影响社会和谐的矛盾有哪些？如何化解？
2. 如何理解社会主义平等观？
3. 中国传统公正观及其当代价值。
4. 践行社会主义公正观的主要途径是什么？

第四章

文明、诚信与友善

2014年4月1日,习近平主席在比利时布鲁日欧洲学院发表重要演讲时指出:"中国是有着悠久文明的国家。在世界几大古代文明中,中华文明是没有中断、延续发展至今的文明,已经有5000多年历史了。"在中国这个文明古国,继承和弘扬优秀中华文明是弘扬社会主义核心价值观的重要内容,"不忘历史,才能开辟未来,善于继承才能更好创新"①。努力建设社会主义现代化强国,必须在全社会范围内积极倡导社会主义文明观念,普遍推行诚实守信和与人为善的道德原则,形成崇尚社会主义文明的新风尚。

---

① 《习近平在中共中央政治局第十三次集体学习时的讲话》,《人民日报》,2014年2月26日。

一、文明：社会主义现代化强国的重要标志

文明是社会进步的重要标志，是社会主义现代化国家的重要特征。在社会主义核心价值观中，"文明"集中反映社会主义先进文化的前进方向，反映社会主义国家进步发展的价值追求。它是对面向世界、面向未来、面向现代化的社会主义文化的概括，是社会主义现代化国家文化建设的应有状态，也是实现中华民族伟大复兴中国梦的重要支撑。

1. 文明及其社会价值

文明是指人类社会的进步状态，与"野蛮"相对。"文明"一词在中国古代最早见于《易经》。如：《易经·乾卦》有"见龙在田，天下文明"，《易经·大有》有"其德刚健而文明，应乎天而时行，是以元亨"。这里的"文明"都是文采光明的意思。在西方，"文明"（civilization）一词源于拉丁文 civils，有"城市国家、公民的、国家的"之意。作为一个独立的概念，"文明"则产生于西方工业革命的18世纪，到19世纪中叶之后才有了比较一致的看法。路易斯·亨利·摩尔根（1818—1881）在其《古代社会》中将人类历史划分为蒙昧、野蛮、文明三个时期。我们现在所说的"文明"是19世纪末20世纪初中国与欧洲互动的结果，主要是指人类所创造的各种财富的总和。

> 文明是指人类社会的进步状态，与"野蛮"相对。

我们党在领导全国人民建设中国特色社会主义的实践中不断深化对社会主义文明的认识。邓小平首先提出物质文明、精神文明的"两个文明"建设，此后，党的十六大又提出经济、政治、文化建设的"三位一体"布局，将经济、政治、文化建

设与物质文明、政治文明、精神文明相联系。党的十七大,将经济、政治、文化、社会建设"四位一体"的中国特色社会主义事业总体布局写入党章,党的十八大则进一步将建设中国特色社会主义事业总体布局拓展为包括生态文明建设在内的"五位一体",表明我们党对社会主义文明的认识更加全面、深刻,为建设社会主义现代化强国开辟了更加广阔的发展前景。

中华民族对人类文明的发展进步贡献巨大。从物质文明角度来看,造纸术、指南针、火药和活字印刷术是人类文明进步中具有巨大影响力的四大发明,而农耕、水利、陶瓷、冶金、纺织、漆器、造船、医药以及天文、历法、数学等科学技术方面的成就,也都在世界文明发展史上占有突出的地位。从精神文明角度来看,古老的中华民族创造出了独具特色、影响深远的哲学、道德、文学、艺术、史学、教育等领域的文明成果。

文明之于国家是国家强盛的标志。一个国家文明程度的高低反映着一个国家的强弱。中华文明本质上是一种"和"的文明。古代中国"和"的观念由来已久,"和"字的写法是左"禾"右"口",其本原含义就是用"禾"来满足人们的饮食需要;"谐"字则左"言"右"皆",即人人皆有话语自由。可见,中国古代文明即与人们经济、政治、文化生活密切相关。中国古代的"文景之治"、"贞观之治"和"康乾盛世"等,无不是"和"之文明的开明盛世。在工业革命发生前的几千年时间里,中国经济、科技、文化一直走在世界的第一方阵之中。然而,落后就要挨打。鸦片战争之后,闭关自守、卑躬屈膝、丧权辱国导致中国长期贫穷落后、战乱频仍、民不聊生。新中国成立以来,尤其是党的十一届三中全会以来,我国的经济总量不断增长、综合国力不断提升、国际地位不断提高、人民生活水平不断改善,已成为世界第二大经济体,

> 不学礼,无以立。
> ——《论语》

越来越成为世界举足轻重甚至是不可或缺的力量。古代中国的强盛、近代中国的衰落和现代中国的崛起充分证明，经济落后、政治动荡、社会凋敝是国家发展之大忌，唯有经济发展、政治安定、社会和谐，才能民富国强。

文明之于社会是社会进步的标尺。社会的文明程度反映社会的进步状态。中华文明具有"和平"、"和谐"、"包容"、"革新"、"开明"、"开放"的特质。国泰民安、天人合一、海纳百川、自强不息、和而不同，反映出古老中华民族对文明的理解和追求。社会进步是人类社会由低级向高级合乎规律的前进运动，社会形态更替是社会进步的表现，同一社会形态下的社会和谐发展也是社会进步的表现。社会进步和发展既包括物质文明的进步和发展，也包括精神文明的进步和发展。

社会发展根源于生产力与生产关系、经济基础与上层建筑的矛盾运动。生产关系必须适合生产力的发展要求，上层建筑也必须服务于适应生产力发展的经济基础，社会才能不断进步发展；社会意识对社会存在具有能动反作用，只有继承、弘扬、创新符合社会历史前进方向的先进思想文化，社会才能不断进步发展；人民群众是历史的创造者，只有满足、符合、顺应最广大人民的利益和愿望，社会才能不断进步发展。因此，一个社会的文明程度要用生产关系是否符合生产力的发展要求、文化发展是否符合先进文化的前进方向、路线方针政策是否符合最广大人民的根本利益来衡量。

文明之于个人是个人素养的体现。个人的文明素养体现了人在社会上的发展程度和受尊重程度。人的本质是社会性的，每个人都离不开社会。文明素养是指个人的修行涵养，涉及道德品质、言谈举止、外在形象、知识水平、专业技能等方

> 凡人之所以贵于禽兽者，以有礼也。故诗曰："人而无礼，胡不遄死。"礼不可无也。
>
> ——《晏子春秋》

面。中国自古以来就崇尚个人的文明素养。《论语·学而》说:"礼之用,和为贵。"以"和"为"天下之达道",能"和"则能四通八达,无往不利,正所谓"天时不如地利,地利不如人和"①。文明作为人的基本素养,要求在处理人与人关系上既要尊重自己更要尊重别人,既要考虑局部利益更要顾全整体利益,达到人际关系乃至社会环境的协调发展。文明作为人的基本素养,还在于处理好作为个体的人的自身协调发展,包括身心两方面,重点要通过实践和自省来塑造自己的人格和道德。当今社会,人的文明素养表现在遵守法律、公平竞争、保护环境、厉行节约、诚实守信、互助友爱、积极进取、乐观向上等方面。

个人文明素养、社会和谐进步、国家繁荣富强是相辅相成的,国家繁荣富强、社会和谐进步是个人文明素养提升的基本保证,个人文明素养提升又是国家繁荣富强、社会和谐进步的必然要求。

> 礼之用,和为贵。
> ——《论语》

2. 中国是历史悠久的文明国度

中华文明源远流长,博大精深,在悠悠5000年的文明史中,深深影响着中华民族的民族性格和民族精神。正如习近平总书记指出:我们祖先几千年前创造的文字至今仍在使用。诸子百家,上究天文、下穷地理,广泛探讨人与人、人与社会、人与自然关系的真谛。孝悌忠信、礼义廉耻、仁者爱人、与人为善、天人合一、道法自然、自强不息等,至今仍然深深影响着中国人的生活。中国人看待世界、看待社会、看待人生,有自己独特的价值观体系。中国人独特而悠久的精神世界,让中

---

① 《孟子·公孙丑(下)》。

国人具有很强的民族自信心,也培育了以爱国主义为核心的民族精神。

中华文明起源于得天独厚的地理人文环境。任何一种文明都是在特定的地理环境和漫长的社会发展中形成和完善的。在气候上,中国地跨热带、亚热带、暖温带、中温带和寒温带,几乎包括了各种气候类型,构成了以温带为主、非常有利于农耕文明发展的地理环境。在人文环境上,中国不同于西方,其地域辽阔、物产丰富却又相对封闭,文明得以独立形成和发展,基本没有受到异质文化的影响。形成了与以贸易、掠夺、殖民为特征的西方文明截然不同的以农耕、兼并、融合为特征的中华文明。中华文明以其本土孕育的原生性、兼容并蓄的整体性、生生不息的连续性、海纳百川的包容性,成为独树一帜的人类文明成果。

中华文明是世界上持续时间最长的文明,也是最古老的文明之一。"自从盘古开天地,三皇五帝到如今"①。大约5000年前,黄河流域中下游一带的华山与夏水之间分布着许多部落,重要的有炎帝部落和黄帝部落等。炎、黄两部落逐渐融合成"华夏民族",故而中华儿女亦称"炎黄子孙"。据《史记·五帝本纪》记载,五帝中的首位是黄帝,后人称黄帝为华夏族的始祖。黄帝之后,最著名的有唐尧、虞舜、夏禹等人。夏大禹治水有功,继位于舜当了中原各部落之共主,成立中国的第一个王朝,这一时期是中华文明的萌芽阶段。秦汉魏晋南北朝时期,为适应一统的政治格局,形成稳定的经济政策,建立完善的行政制度,传播完备的政治学说,协调民族之间冲突,构

> 观乎天文,以察时变;观乎人文,以化成天下。
> ——《周易》

---

① 《毛泽东文集》第6卷,人民出版社1999年版,第358页。

建与国家形态相适应的文化体系,处理外来宗教与传统信仰之间的矛盾。此时的文明是对自身传统的协调,这一时期是中华文明的形成阶段。唐宋时代至明朝中叶,在发展经济生产、完善行政制度、繁荣学术文化的基础上,侧重解决中华文明与周边文明之间的关系,这一时期是中华文明的成熟期。明朝中叶以后,随着生产方式和社会结构的变化,传统的行政管理模式和固有的文化观念受到极大冲击。与此同时,中华文明又遇到了外来的异质文明的挑战,兼容、并蓄不同的文明形态,成为这一时期面临的重大问题,明清的启蒙思潮、清中叶的经济调整、清后期的政治改革以及辛亥革命等,都是对中华文明自身传统的调整,也是在与西方文明交流过程中的相互适应,这一时期是中华文明的调整阶段。①

> 是故情深而文明,气盛而化神,和顺积中,而英华发外。
> ——《礼记》

从上述中华文明的历史脉络中我们可以看出,中华文明从未间断,因为中华文明具有的这种自我控制和内部协调的功能,是中华文明得以不断延续的深层原因。

"华夏",一般作为中国代称,中华文明亦称"华夏文明"。中华文明是指"包括当代56个民族以及曾活跃在中国历史舞台上的古代民族在内的中华民族,在数千年缔造统一的多民族国家的历史发展进程中,所创造的物质文明和精神文明的优秀成果"②。中华民族不仅创造了人类最早的农耕文明之一,创造了曾经长期领先世界的科学技术以及高度发达的商品经济和城市文明,而且在文学、艺术、哲学、史学、宗教、道德、教育等领域也独领风骚。其中,中华文明的主要特征是独

---

① 曹胜高:《文明的总结与文明史的书写》,《北京大学学报》,2006年第5期。
② 王炜民:《中华文明简史》,内蒙古大学出版社1999年版,第3页。

特的道德礼仪。

中国传统伦理道德的核心是以家庭为本位,强调自身的道德修养和品格的完善,其中一些优良传统,如"仁爱孝悌、谦和好礼、诚信知报、精忠爱国、克己奉公、修己慎独、见利思义、勤俭廉政、笃实宽厚、勇毅力行等"①,在当今社会仍然具有现实意义。

党的十六届三中全会通过的《中共中央关于构建社会主义和谐社会若干重大问题的决定》中对社会主义核心价值体系做了明确概括,即马克思主义指导思想、中国特色社会主义共同理想、以爱国主义为核心的民族精神和以改革创新为核心的时代精神、社会主义荣辱观。党的十八大又进一步提出了社会主义核心价值观的基本内容。社会主义核心价值观是社会主义核心价值体系的内核,体现着社会主义核心价值体系的根本性质和基本特征,反映着社会主义核心价值体系的丰富内涵和实践要求,是社会主义核心价值体系的高度凝练和集中表达。社会主义核心价值体系与核心价值观都渗透着中华优秀文明的内涵。中华文明是数千年来各民族共同创造和吸收融合外来文明的优秀成果。

3. 当代中国社会的文明诉求

社会主义文明是人类文明史上的崭新发展阶段,作为社会主义核心价值观的重要组成部分,体现了当代中国社会对文明的诉求。

党的十一届三中全会,恢复和重新确立了解放思想、实事

> 君子以仁存心,以礼存心。仁者爱人,有礼者敬人。爱人者,人恒爱之,敬人者,人恒敬之。
>
> ——《孟子》

---

① 王永平:《论中华文明在世界文明史中的地位》,《阴山学刊》,2002 年第 6 期。

求是的思想路线,提出"以经济建设为中心"的党的基本路线,实现了工作重心的战略转移。1982年党的十二大第一次将物质文明和精神文明"两个文明"建设一起抓作为建设社会主义的战略方针,我们党对社会主义文明的认识开始形成。随着我国经济体制、政治体制改革的不断推进和社会主义市场经济的建立和完善,我们党对社会主义文明体系的认识进一步深化。党的十六大首次将建设社会主义政治文明作为现代化建设的重要目标明确提出。党的十六届四中全会,第一次明确提出"构建社会主义和谐社会"的战略任务,中国特色社会主义的发展目标拓展成为社会主义物质文明、政治文明、精神文明与和谐社会的"四位一体"。构建社会主义和谐社会为中国特色社会主义文明体系增添了新的内容,它是社会主义物质文明、精神文明、政治文明发展到一定阶段后的必然结果和时代要求,也是中国特色社会主义文明体系在质上又一次新的飞跃。党的十七大首次提出"生态文明",并要求在"全社会牢固树立生态文明观念",党的十八大则用专章把生态文明建设纳入中国特色社会主义事业"五位一体"总布局。将经济、政治、文化、社会和生态文明五大建设并列,标志着我国社会主义现代化建设进入新的历史阶段,体现了我们党对于中国特色社会主义的认识达到了新的境界。

从"两个文明"到"三位一体"到"四位一体"再到"五位一体",当代中国对社会主义文明体系的认识不断全面和深刻。社会主义文明是全方位的文明,涵盖了经济、政治、文化、社会、生态文明建设等及党的建设各个领域。经济、政治、文化、社会建设离不开生态文明建设。生态文明是人类文明发展到一定阶段的产物,是反映人与自然和谐程度的新型文明形态,体现了人类文明发展理念的重大进步。"必须树立尊重自然、顺应自然、保护自然的生态文明理念,把生态文明建设放在突出地位,融入经济建设、政治建设、文化建设、社会建设各方面和全过程,努力建设美丽中国,实现中华民族永续发展"①。

改革开放以来,我们用几十年的时间走过了西方国家几百年的发展历程,在经济社会发展取得巨大成就的同时,各种矛盾和问题也开始也逐渐显现。一是人多地少、水资源紧张的问题日益突出,保障能源和重要矿产资源安全的难度越来越大;二是环境污染比较严重,相当部分的城市达不到新的空气质量标准;三是生态系统退化问题突出,自然湿地萎缩,河湖生态功能退化,生物多样性呈现下降趋势;四是国土开发格局不够合理,总体上存在生产空间偏多、生态空间和生活空间偏少等问题;五是应对气候变化面临新的挑战,我国温室气体的排放总量大,减排任务繁重艰巨;六是环境问题带来的社会影响凸显,一些企业违法排污造成环境污染,群众和社会反响比较大。②建设社会主义现代化强国,当务之急要树立尊重自然、顺应自然、保护自然的生态文明理念,实现人与自然的和谐相处,善待自然,诚信于自然,友善于自然。

尽管不同民族、国家存在价值观、思想意识的差异,但无论是东方文明还是西方文明,在处理人与人、人与社会的关系中,推崇社会公德、追求和谐进步是任何文明的共同诉求。中华文明历来倡导道德观建设,如注重"四维"即"礼、义、廉、耻"

> 文明以健,中正而应,君子正也。唯君子为能通天下之志。
> ——《周易》

---

① 胡锦涛:《坚定不移沿着中国特色社会主义道路前进 为全面建成小康社会而奋斗——在中国共产党第十八次全国代表大会上的报告》,人民出版社2012年版,第39页。
② 张高丽:《大力推进生态文明 努力建设美丽中国》,《求是》,2013年第24期。

社会道德标准和行为规范;遵守"五常"即"仁、义、礼、智、信"五种最基本的品格和德行;提倡"四字美德"即"忠、孝、节、义"中国社会基础性的道德价值观等。这些都是中华传统美德中处理人与人、人与社会关系的基本道德规范和行为准则。2001年,中共中央颁布的《公民道德建设实施纲要》提出了"爱国守法、明礼诚信、团结友善、勤俭自强、敬业奉献"20字的公民道德基本规范。不仅体现了道德的先进性与道德的广泛性的统一,还体现了中华传统美德、革命道德和社会主义市场经济条件下产生的新道德的统一。在建设社会主义现代化强国的进程中,要求我们每一个公民自觉履行公民道德基本要求,实现人与人、人与社会的文明互动,爱国守法、善待自己、善待他人,做文明、诚信、友善的中国好公民。

> 诚,表里如一,真实无妄的意思;信,言行一致,信守承诺的意思。

二、诚信:社会主义道德文明的根本

1. 诚信的基本内涵及意义

诚,表里如一,真实无妄的意思;信,言行一致,信守承诺的意思。诚与信有所区别,但又密不可分。诚是内在的精神状态,信是外在的言行表现。内在的诚与外在的信相互制约、相互贯通。用黑格尔的话来说,信是诚的"定在"。黑格尔用灵魂与肉体的比喻来说明精神与"定在"的内外关系:"概念和它的实在是两个方面,像灵魂和肉体那样,有区别而又合一的。……没有肉体的灵魂不是活的,倒过来说也是一样。所以概念的定在就是概念的肉体,并且跟肉体一样听命于创造它的那个灵魂。"①没有内在的诚,外在的信就成了无源之水;反之,没有外在的信,判断是否存在内在的诚就会陷入神性主义,并可能被伪善者所欺骗。正因为诚与信密不可分,故"诚信"二字通常连用。概而言之,诚信即诚实守信,意思是表里如一、言而有信,能够真心真诚地履行承诺。

诚实守信是中华民族的传统美德,对此我国古代经典有关诚信的论述很多。《大学》曰:"诚者,天之道也,诚之者,人之道也。"意思是说,诚信是最高法则,遵循诚信是做人的基本法则,《论语·子路》说:"言必信,行必果"、"与朋友交,言而有信",告诫人们说了就一定要守信用,做事一定要有好的结果;与朋友交往的过程中,要说话算话,说到做到。诚实守信不仅是社会主义核心价值的准则之一,也是世界各国自古以来公认的行动准则。不仅是我国社会主义相关法律的道德基础,也是国际上相关法律的道德基础。离开诚实守信,许多重要法律就会形同虚设。

关于诚信的必要性,古今中外的思想家多有论述。孔子曾高度地概括为"人而无信,不知其可也"(《论语·为政》)。人是社会性动物,人与人之间存在复杂的社会交往行为。社会交往总是伴随语言、动作、文字等意思表示,并以之为必要条件。一旦意思表示虚假,社会交往就不能正常进行,相关社会主体的利益就会受到损害,社会秩序就遭到破坏。康德就是从这一点出发而坚决反对说谎,"把随便做不负责任的诺言变成一条普遍规律。那就会使人们所有的一切诺言和保证成

> 子曰:"人而无信,不知其可也。大车无輗,小车无軏,其何以行之哉?"
> ——《论语》

---

① [德]黑格尔:《法哲学原理》,范扬、张企泰译,商务印书馆1982年版,第1页。

为不可能"①。

与诚信有关的重要问题,是所谓"善意的谎言"或"必要的谎言"问题。关于必要的谎言,穆勒认为常见的是两种情况:"不让恶人得知真相,或不让病重的人得知坏消息。"但穆勒同时指出,诚信是原则,必要的谎言只是例外,"例外应当被承认为只是例外,如有可能,还应当规定例外的界限"②。关于善意的谎言,如时下许多人见到女士一概呼为"美女",见到男士一概呼为"帅哥"。这样的称呼或赞语未必合乎实际,但是无伤大雅,是一种礼貌的做法,一般来说有利于社会交往。但善意的谎言如同必要的谎言一样,范围是很有限的,且是以诚信原则为根本前提下的有限变通。有人认为某些情况下不存在诚信,如"兵不厌诈",在战争场合下谈不上诚信道德。但现代社会战争也有规则,比如"不得杀害放下武器的俘虏"就是一条通行的规则,不得违反。"二战"结束后,日本与德国的许多战犯就是因触犯这一规则而被判处死刑的。

诚信是古老的道德戒律,是社会主义核心价值观的重要内容,其重要性如孔子所言"自古皆有死,民无信不立"③。然而,当前中国还存在相当严重的诚信危机。

2. 当前道德领域的"诚信缺失"问题

党的十八大报告将"诚信缺失"作为当前我国道德领域突出问题的主要表现之一,作出"深入开展道德领域突出问题的

> 自古皆有死,
> 民无信不立。
> ——《论语》

---

① [德]康德:《道德形而上学原理》,苗力田译,上海人民出版社1988年版,第74页。
② [英]约翰·穆勒:《功利主义》,徐大建译,上海人民出版社2007年版,第22页。
③ 《论语·颜渊》。

专项教育和治理"的重大工作部署,号召全党全国人民向"诚信缺失"做斗争。

当前我国社会的"诚信缺失"问题主要表现在:

一是政府诚信缺失。主要表现为形式主义泛滥,空喊口号,热衷于张贴标语作秀,有的甚至谎报数据,欺上瞒下;不少机关工作人员缺乏为人民服务的思想观念,对群众要解决的问题不认真办理,敷衍了事,有的甚至滥用权力,违规执法,侵害人民群众的利益。一些领导干部贪污腐败,顶风作案。一些地区的"裸官"数量惊人,他们口口声声称热爱国家,自称是人民的公仆,却准备随时抽身走人,转移海外,其中不少人就是贪官。这些问题,严重损害党和政府的诚信形象,使党和政府的公信力大受损害。政府是社会正常的生产生活秩序的管理者,理应更加自律,带头践行社会主义核心价值观,而不应该做与社会主义核心价值观不相符合甚至背道而驰的行为,如果政府不积极践行社会主义核心价值观,带来的不但是社会的生产秩序被破坏,更重要的是人们的生活秩序被打乱,人们的价值理念被扭曲,进而影响整个社会的稳定。因此要通过法律加以完善,要建立政府的诚信威严,提高政府的诚信度,将政府诚信牢牢地建立在道德法制的基础上,从而实现诚信的法律化进程,将自律变为他律,用法律手段不断维护政府诚信的威严,将政府诚信这一道德规范表现得更加具备法律性与具体性。

企业诚信缺失。企业诚信缺失主要表现在造假售假、坑蒙拐骗,消费市场存在着"假、冒、伪、劣、坑、蒙"等现象。由于社会的巨大进步,由于与居民衣食住行相关的消费品日益丰富,假冒伪劣现象也尤为突出,并且涉及领域广泛,其中最为

> 君子进德修业。忠信,所以进德也,修辞立其诚,所以居业也。
>
> ——《周易》

严重的诚信缺失现象就是防不胜防的制假售假。马克思在100多年前曾引用过一段名言:资本有了20%的利润便活跃起来,有了50%的利润就会铤而走险,有了100%的利润就敢践踏一切法律,有了300%的利润就敢冒绞首的危险。① 如今虽然时代变了,但资本的本性没有变,为了追求高额的生产利润,如很多企业抓住了人们对许多知名品牌产品的信赖与追求心理,山寨产品层出不穷。由于缺乏技术的优势,传统行业中的企业为了降低成本,通常在原材料上动点手脚,而一些大企业则擅长偷工减料以此降低成本,在这些企业面前,诚实守信的商业伦理已不复存在,道德的约束也无能为力②,为了追求利润,不择手段。"苏丹红"这一在普通人看来很陌生的致癌化学制剂却现身于辣椒制品、"红心"蛋等产品;有毒的三聚氰胺被不法奶农、奶站、生产厂商加入到鲜奶中;"瘦肉精"被添加到猪的饲料中等等事件的曝光,可以看出我国产品质量、食品安全与企业是否诚信是紧密联系着。只有企业诚信经营,人民群众才能吃上放心米、放心蛋、放心奶,群众才不会为每天与自身息息相关的食品安全担心。

公民个人诚信缺失。公民个人诚信缺失主要表现在言行不一,人际关系冷漠。诚信是社会道德的基础部分,如果个人缺乏对社会基本行为准则的必要尊重,缺乏对自己行为承担一切责任的勇气,缺乏诚信的践行能力,那么,要求他承担起对国家、对社会的更高职责,承担起中华民族伟大复兴的历史使命,只能是侈谈和空想。从个人角度讲,当前有许多个人对

> 夫轻诺必寡信,多易必多难。
> ——《道德经》

---

① 《马克思恩格斯选集》第1卷,人民出版社1995年版,第266页。
② 江平、程合红:《法治是奠定市场信用的基石》,《经济导刊》,2002年第11期。

待诚信采取双重标准,知行相悖,导致人际关系冷漠。长此以往,诚信缺失会慢慢腐蚀个人纯洁的心灵,不利于人们健康身心的成长和健全品格的发展,极易形成扭曲的道德人格和不健康的道德心理。从群体角度讲,个人诚信缺失必然会影响个人所在集体形象。在一些个人看来,诚信缺失只是微不足道的小事,是与社会无关的纯粹个人问题,平日不拘小节,养成了对社会、集体、他人不负责任的习惯。我们知道,在当今社会,一个人的诚信在一定程度上也可以说是步入社会的"通行证",很难想象一个缺失了诚信的个人在竞争与发展的时代下如何生存。一些经常做出诚信缺失行为的个人,如将诚信的不良习气带入职场和社会,必然会影响到个人在群体中的形象,更谈不上自身的发展。其实他们并没有意识到自己身处群体之中,他们的行为不仅代表自己,也反映个人所在群体的整体诚信素质。

3.诚信缺失的危害性

就国家层面而言,诚信缺失危害国家,影响国家与民族的生存与发展。曾经有类似瘦肉精诚信缺失事件、毒大米诚信缺失事件等,如南京"冠生园"因为使用陈旧发霉的馅料加工成新月饼进行销售,被媒体曝光后,国内众多糕点加工企业都受到了影响,并且一年一度的月饼销售也逐渐陷入了困境。甚至有人说,南京"冠生园"的月饼诚信缺失事件,不仅使中国几千年来的传统受到了打击,更使得"冠生园"这个牌子毁于一旦,危及国内众多糕点加工企业。以上案例造成的诚信缺失给整个国家和社会带来非常不好的影响。与此同时,随着中国国际贸易的发展,中国的产品出口到世界各地。由于诚

> 君命无二,失信不立。
> ——《左传》

信缺失事件的发生,国内企业在国外销售的产品也受到影响,国外消费者对中国品产生了强烈的抗拒心理。曾几何时,全世界各地都充斥着中国产的服装、鞋子,但"中国制造"却成了廉价、质量低下的代名词。这使中国在国际上的形象大打折扣,对中国的国际贸易造成了严重的影响,阻碍了生产力的发展。

就企业层面而言,诚信缺失使企业没有竞争力,影响社会经济发展。诚信,即诚实守信,是社会主义市场经济条件下,企业在从事生产、经营、管理活动中,处理各种关系的基本准则。诚主要表现在诚信、诚实、诚恳;信则主要表现在信用、信誉、信守。两者相辅相成,缺一不可,共同构成了我国传统道德中的重要规范。诚信经营就是指企业将诚信原则贯彻到经营活动的各个环节中,坚持诚信理念,在整个经营过程中顾及社会、企业、消费者以及内部员工的利益,诚实守信,以求赢得企业的长远发展。诚信经营主要有两层含义:一是企业和消费者应始终坚持信息对称原则,保证经营活动的公开、公平和公正,没有欺诈的行为;二是企业经营行为应遵守国家法律法规,符合社会道德规范,不能违背社会公德等。对企业而言,经营讲诚信,不是放弃竞争,而是要求国内企业信守承诺,在产品生产加工过程中按照国家标准、行业标准和企业自身制定的更高标准进行制作,在销售环节不弄虚作假,诚实劳动,务实经营,为企业的未来可持续健康发展创造更为良好的竞争优势,使企业的市场竞争行为更合理、更高效。在当前我国致力于建设和谐社会的背景下,诚信经营必将是企业最佳的竞争手段。和谐社会要求企业形成高水平的道德标准,要有社会责任感,切实履行诚信义务,自觉把诚信经营当作一种文

> 子夏曰:"贤贤易色,事父母能竭其力;事君能致其身;与朋友交言而有信。虽曰未学,吾必谓之学矣。"
> ——《论语》

化来经营,把诚信经营文化上升为品牌来管理。

就个人层面而言,诚信缺失会严重阻碍个人发展前途。社会是由不同的人组成一个个群体,由不同的群体组合构成一个社会环境,个人诚信不仅会直接影响到我国未来社会主义核心价值观的发展,更会关系到中国文明的前进步伐。近年来,社会上不断流行着"21世纪是中国人的世纪"的一种说法,但是,基于实际国情而言,我国目前尚不能达到这一目标。虽然我国公民应该具备这样的信心与志向,我国经济发展也保持高速稳定的状态,可是与西方资本主义发达国家进行对比,我国公民的个人素质水平与诚信道德水平还有待进一步提高。个人作为中国特色社会主义事业的建设者和接班人,作为践行社会诚信的中坚和主体,其目前的社会诚信表现却不尽如人意。可以想象,如果每个人都生活在这样一个高知识而低素质的群体中,在未来社会的公共交往中缺失诚信、缺少集体观念、缺乏社会责任感,那么,必定会引发新一轮的社会诚信危机。而诚信缺失在阻碍个人发展前途的同时,更会影响到国家的文明进步和经济社会的健康发展。

4.诚信缺失的原因

首先,传统文化的破坏,价值观念的扭曲,素质教育的失衡。改革开放以后,中国的传统文化和西方的自由、民主、金钱至上价值观念发生猛烈碰撞。20世纪90年代至今,市场经济大潮风起云涌,势不可挡,中国人传统的道德观念在西方文化的强烈冲击下发生改变,人们的价值观念多元化,特别是市场经济的发展,使得人们过于追求利润,金钱至上观念日益占据主导地位,价值观念发生扭曲,中国"仁义礼智信"的传统文

> 志不强者,智不达;言不行者,行不果。
>
> ——《墨子》

化遭到破坏。另一方面,在中小学的教育中,对道德诚信等的素质教育远远低于对追求成绩的分数教育,家长只看孩子分数,只要成绩好,素质好不好无所谓。孩子们经常看到的是社会上甚至是父母本身种种不诚信的行为,这些行为会影响孩子健康成长和正确道德品格的形成,基于此,家庭和学校要承担责任,从小培养孩子诚实、守信、友善、爱国、勤劳、勇敢的道德品质。诚信是国家发展的灵魂,传统文化的破坏则是破坏诚信信用水平的重要因素。正确的积极向上的价值观的培养往往得益于优良的传统文化的滋养、自身的丰富阅历和艰苦的品德修养。基于企业而言,中国社会科学院经济学部、中国社会科学院社会发展研究所在京发布《中国企业社会责任研究报告(2011)》,研究发现,中国企业社会责任发展指数虽比去年稍有进步,但整体水平低下,平均仅19.7分,满分为100分。诚信缺失事件被曝光后,国内消费者质疑声不断。并且一些企业进行商业欺诈和阴谋活动,抢注商标、偷税漏税等行为也严重损害了公司的形象和消费者的利益。

其次,国家法律制度不完善。就目前而言,我国还没有健全的信用法律制度和严密的信用调查体系,对失信者的惩罚力度不够。一些企业与个人的不诚信行为与失信成本低相关,当失信成本不足以抵消因失信而获得的巨大利益,失信有利可图时,企业所有者与个人可以选择采取甚至主动选择不诚信的行为,这种现象在现实生活中屡有发生。相反,当失信成本大于不诚信的收益,企业主就会尽量避免失信行为,从而有利于改善企业诚信经营环境[1]。从实际的角度来看,中国的

> 善不由外来兮,名不可以虚作。
> ——屈原

---

[1] 谭小宏、秦启文:《责任心的心理学研究与展望》,《心理科学》,2005年第4期。

有关法律和法规还不够健全,对诚信缺失行为的制裁和处罚还很有限,这在一定程度上也鼓励了企业和个人的失信行为。与此同时,中国的市场信用体系建设不完善,许多政策和法规的具体约束力远远不够,如不能完全打破地方保护主义而造成的市场封锁,不能使诚信缺失事件充分暴露在市场环境下以使公众对其实施有效措施。当出现"三鹿"三聚氰胺毒奶粉等类似事件,通常是几名相关责任人"受到相应处理",政府要保 GDP,官员要保经济发展政绩,企业要保品牌,企业职工要吃饭,我国现有的法律对诚信缺失事件的处罚相对较轻,国家应当建立有效的失信惩罚制度来加大失信者的违规成本,达到控制失信行为发生的目的。

再次,缺乏有效的社会监督机制。我国正处在社会主义市场经济发展的初期,内在约束机制不健全使市场经济的健康发展存在问题,法律制度的滞后,使失信者有机可乘。不尽合理的分配方式促使人们不正当地追逐经济利益,如一部分商人以及领导干部为获取暴利,采取各种非法手段聚资敛财;同时,也有一部分人看到这批人在追求利益时采用奸诈狡猾的手段却仍没有受到惩罚,于是心理上十分不平衡,也竞相效仿。在我国市场经济体制转变的过程中,物质文明和精神文明的发展出现了不平衡的现象,物质文明高速发展,精神文明却没跟上,甚至在某些方面出现了倒退。我国古代传承下来的"诚信经商之道"被破坏,坑蒙拐骗现象层出不穷,传统文化的诚信约束力瞬间土崩瓦解①。

> 真者,精诚之至也,不精不诚,不能动人。
> ——《庄子》

---

① 陈丽君、王重鸣:《中西方关于诚信的诠释及应用的异同与启示》,《哲学研究》,2002 年第 8 期。

5.加强诚信建设

诚信是在建设社会主义现代化强国过程中公民特别是领导干部的基本道德要求。诚信建设的措施,可以从以下几个方面来认识:

首先,加大惩罚力度,使失信者付出高昂代价。惩罚和监管的目的是使失信者的失信成本高于守信成本。如何加大惩罚和监管力度,其一,国家要加大对失信者的打击力度,建立健全信用评价和调查体系,人们一旦失信,将公之于社会,使得失信者难以在社会上生存。其二,有关行政机关要切实加大监管力度,及时对失信者的失信行为给予警告和严厉的打击,不断规范道德秩序。其三,规范政府行为,要加大提高政府公信力,政府处在信用制度的一个特殊的位置上,不但是规则的制定者、维护者,还是裁判者,只有政府公信力提高,群众才能更好约束自己。政府要完善法律法规,提高行政行为的公开性和透明度。对提供虚假信息的失信者进行惩罚,提高其失信成本。

其次,加强社会主义道德建设,树立正确价值观。不同时代不同阶层的人们追求的价值观念可能不一样,但大家在诚实守信上却完全一致。对社会而言,诚信是正常的生产生活秩序。诚信的本质是一种道德约束,是辅助法律维持社会生产关系和生活秩序的道德准则。诚信作为道德规则一方面对法律起辅助作用,另一方面又可视为法律规则的根据与原则。《中华人民共和国民法通则》第四条规定:"民事活动应当遵循自愿、公平、等价有偿、诚实信用的原则。"法律界人士常常将诚信作为民事法律的"帝王原则",强调所有法律规则不得有

> 诚者天之道,
> 诚者人之道。
> ——《中庸》

违诚信,而当没有明确的法律规则时,则径直以诚信原则裁判争议的是非曲直。

社会主义市场经济是建立在诚信与合作基础之上的,追求的是大家共赢。社会主义市场经济是信用经济,没有信用体系,大家不讲诚信,不但生产秩序被破坏,更重要的是人们的生活秩序会被打乱,影响整个社会的稳定。

再次,建立健全法制,使失信者受到法律制裁。诚信是社会、企业、个人的基本原则和道德底线,而目前中国社会、企业、个人失信已经到了一个非常严重的地步,传统文化的破坏、价值观的扭曲、法律制度的不完善、素质教育的失衡等现象频繁出现,如三鹿"三聚氰胺毒奶粉事件"等,严重违反社会公德,损害了消费者的利益,也给企业的发展带来了巨大障碍[①]。造成这种现象的原因很多,市场经济体制的转变、企业社会责任心缺乏,人们诚信道德观念淡薄,法制、法规不够健全,失信成本偏低等,都对我国诚信的缺失有重要影响。我国诚信的实施不是一蹴而就的事情,是一个长期的系统工程,一经确定就要长期坚持下去。为此,必须通过营造社会诚信氛围、完善诚信的法律体系建设、加大惩罚和监管力度等途径加强诚信,使失信者受到法律制裁。

> 所谓诚其意者,毋自欺也。
> ——《礼记》

---

① 赵果:《古今诚信之辨——基于中西比较的视角》,《伦理学研究》,2014年第1期。

三、友善：社会主义人际和谐的纽带

1. 友善的基本内涵

> 友善，即与人为善，善待他人，指的是对待别人要友善，要善意不求回报地去帮助他人。

友善，即与人为善，善待他人，指的是对待别人要友善，要善意不求回报地去帮助他人。强调公民之间应互相尊重、互相关心、互相帮助，和睦友好，努力形成社会主义的新型人际关系。古人对"友善"的阐述有很多，在古代甲骨文中"友"字是伸向同一方向的两只手，表示朋友间的相互帮助。孔子说"仁者爱人"、"己欲立而立人，己欲达而达人"，即自己决定对人有仁爱之心，别人才会对你仁爱，自己决定对人豁达宽容，别人才会对你豁达宽容，这都是孔子的重要思想，也是实行"仁"的重要原则[①]。如果能够"推己及人"，即设身处地为别人着想，也就做到了"仁"，是仁爱之人，可见这些思想均是友善的表现。

"友"有合作支持、相好亲近的意思，"善"在《说文》里解释为"善，吉也"，主要指善良慈善，做善行善事，"友善"合起来的含义是指关心爱护他人，善待身边的每一个人，要有宽容之心、仁爱之心。不仅善待他人，还要善待人类所处的自然环境。

随着社会多元化结构的发展、人口流动性的加强，具有不同生活经历和教育背景的人会产生各种联系，他们持有的人

---

① 黄显中：《论友善》，《伦理学研究》，2004年第7期。

生态度和价值取向也有所不同,甚至大相径庭,因此宽容他者,是十分必要的。在多元思想和文化中发现共同的价值追求,彼此友善对待,在友善的实现过程中,发现共同语言,建立稳固的社会关系。友善要求对社会弱势群体要有仁爱之心,尽可能给予帮助,对待他人像对待自己一样,在实现自身利益的同时照顾他人利益,平等待人,而不是嘲笑轻视,消除社会歧视,创造社会公平。

2."友善"是中华民族的传统美德

友善是中华民族源远流长的传统优秀美德。"友善"包含善待亲人、朋友、他人、自然等。善待亲人,可以和谐家庭关系;善待他人和朋友,可以和谐人际关系;善待自然,可以和谐生态关系。自古以来中华民族是追求友善、传承友善的民族,友善是人们内心大爱的升华。

每个人都是社会中的一分子,随时随处都会同周围的人发生各种各样的联系,在工作、学习和生活中都需要他人的帮助和协调,才能正常地生活和工作。不然的话,就会发生不应有的分歧,甚至冲突,就会矛盾不断,以至于出现重重困难,长此以往,还会影响到社会的安定团结。如今,有些政府机关门难进、脸难看、事难办,公务人员官本位思想泛滥,权力至上的封建意识长期存在,认为自己与普通百姓相比,要高人一等,于是便高高在上,目中无人,态度冷漠。在民众来办事时,不能做到热情服务、友善对待。这不仅仅是一种"礼貌问题",更是一种造成政府机关和群众之间关系紧张,甚至发生群体冲突事件。古人尚且倡导"四海之内皆兄弟",现代人更应继续发扬这种精神,改进工作作风,建立和谐友善的工作环境。

> 子曰:"学而时习之,不亦说乎?有朋自远方来,不亦乐乎?人不知而不愠,不亦君子乎?"
>
> ——《论语》

> 夫孝,德之本也,教之所由生也。夫孝,天之经也,地之义也,民之行也。
> ——《孝经》

友善对待亲人可以和谐家庭关系。家和万事兴,亲人是朝夕相处最亲近的人,友善对待亲人,使生活充满温馨和温情,家庭关系和睦,就会心情舒畅,精神振奋,有利于工作和学习。对亲人的友善包括友善对待兄弟姐妹,友善对待子女,其中最重要的是友善对待父母。孝道是人类最可贵的品质,《孝经》上说道:"夫孝,德之本也,教之所由生也。"孝,是德行的根本,王道教化就是由孝产生的,又说:"夫孝,天之经也,地之义也,民之行也。"遵循孝道是自然之道,是天经地义。祖先传承千年的孝道,代代相传,绵延不断,这是举世之宝。人之所以为万物之灵,就在于异于禽兽,懂得孝道,能践行孝道[①]。但是很可惜,我们会经常看到一些人对父母不敬,对亲人粗暴、无礼,甚至还有家暴行为。有调查显示,有30%的父母遭到过子女打骂,有30%的妇女遭到过丈夫打骂。有些人认为亲人是每天生活在一起最熟悉的人,没有必要时时给予关心、友善,殊不知正是由于是最亲近的人,一旦受到伤害,他们的伤害就会更严重,造成的心灵创伤也更大。家庭是社会的细胞,只有每个家庭稳定了,社会才能稳定,党的十八大把友善作为核心价值观提出,能够更好地促进人们形成友善的良好行为和习惯,积极营造温馨团结、关心互相的家庭氛围。

友善对待自然可以和谐生态关系。随着社会的进步,科学技术的巨大发展,人类认识自然、改造自然的能力大为提高,人类在对自然的利用中获得巨大利益,但同时对自然环境的破坏也达到了前所未有的程度。目前人类与自然的问题十分突出,比如说人口数量问题、自然资源匮乏问题、生态环境

---

① 朱蕴丽:《社会基本道德缺失的原因与公民道德教育的重构》,《求实》,2010年第3期。

问题等等。人类面临的灾难也不断增多，地震、海啸、飓风等自然灾害无时无刻不在威胁着人类的安全，据不完全统计，目前全世界饥饿人数已达 10 亿，创下历史新高。人类妄言要征服自然，征服自然的代价是人类遭受巨大的灾难，因此人类真正应当做的是与自然和谐相处，友善对待自然，在不破坏自然环境均衡的前提下合理开发利用自然，即考虑眼前利益，也要长远利益；即考虑经济价值，也要考虑环境承受能力。友善开发自然，实现人类和自然的和谐共存，促进人类和自然共同发展。

3. 友善的基本要求

友善既是个人美德，也是重要的公民道德规范。从社会主义价值观的角度看，一个人是否做到友善，关系到社会成员之间是否融洽，关系到整个社会是否和谐。倡导友善，就是认识自己、珍爱自己；倡导友善，就是鼓励人们更多地理解别人、包容别人；倡导友善，就是化解社会心理失衡，增强社会凝聚力。倡导友善，就是增强我们的文化自信、价值观自信，提升民族文化软实力。对于今天而言，在社会主义核心价值观中，友善作为传统文化的主要内容之一，自然具有十分重要的原点意义，也就是说，在社会主义核心价值观中，富强是统领，富强在高层，富强关系到整个社会；而友善是基础，友善在原点，友善关系到每个个体。传统文化中的"友善"资源可以为社会主义核心价值观在新时代的弘扬提供丰富的历史滋养。正因如此，从上到下都十分重视优秀传统文化的涵养作用。

"友善"是为了团结。团结友善是《公民道德建设实施纲要》中提出的公民道德的基本规范之一。"友善"作为公民道

> 弟子入则孝，出则悌，谨而信，泛爱众，而亲仁。行有余力，则以学文。
> ——《论语》

德规范,基本内容是友好、友谊、友情、善良、善意、与人为善等。每一个公民,不论是汉族还是少数民族,都是中华人民共和国这个大家庭中的一员。因此,公民之间应该彼此团结,应该友善对待他人,建立起一种和睦亲爱的关系。

要做到团结友善,首先要有与他人团结友善的愿望。有的人自认为自己文化水平高、办法多、能力强、经济实力强,没有自己办不了的事,不需要与他人搞好关系。甚至还有人认为,讲团结友善对自己来说是一件吃亏的事。其实,这种想法是很短视的。俗话说:"人心齐,泰山移","山不转水转","三十年河东,三十年河西"。一个再强大的人总有脆弱的时候,一个再聪明的人也有糊涂失策的时候。人生百年,总有需要别人帮助的时候。实际上,任何一个成功的人,没有别人的帮助也到不了今天这样的地步。绝对的孤家寡人、自我奋斗,绝对不可能拥有成功的人生。因此,每个人都应该树立团结友善的意识。在中华人民共和国这个大家庭中,每个公民之间不仅仅是平等的关系,更是同样享受着国家法律赋予的权力,也承担着相应的义务。公民不论贵贱、不论贫富、不论性别、不论民族,都需要友善团结,不能以强欺弱,以多欺少,以富傲贫。公民与公民之间应当怀着友好的愿望,抱着彼此平等的心理相互对待,这是做到团结友善的第一步。

要做到团结友善,必须要看到他人的长处,要反省自己的短处。在日常生活中,我们常常看到这样一种人,他们总是自以为是,自认为凡事都是自己好、自己对。他们还常常会这样说:"我与他团结友善,但是他不想与我团结友善。"一个人如果总是自以为是,是不可能做到团结友善的。人都一样,不可能身上没有一点毛病,做事也不可能永远正确。这一点对别

> 取诸人以为善,是与人为善者也。故君子莫大乎与人为善。
>
> ——《孟子》

人是适用的,对自己也同样是适用的。一个人如果能想到这一点,那么在与人交往时,对于别人的某些缺点和错误就会有宽容之心,不必事事都斤斤计较。一个人如果能记住这一点,在与人交往时,就会时常反省,看看自己有什么对不住人、做得不好的地方,从而严格要求自己。严于律己、宽以待人,就容易做到团结友善。

要做到团结友善,就要承担相应的责任和履行相应的义务。现代社会是变化的社会,社会成员之间大多是靠某些利益关系联系起来的,每个人都在这个环境中寻找实现自身利益的环节和途径。因此,在实现自身利益的同时也要不损害他人利益,在享受权利的同时要承担相应的义务,拿出团结友善的真情实意,尊重他人,主动承担起应该履行的责任和义务,只有这样人们才能和谐相处,社会才能和谐发展。

4. 友善的当代诉求

从当代中国社会伦理道德生活的实际情况来看,友善作为社会主义核心价值观的一项基本准则,当代诉求可以从两个方面的来理解和把握:一是正确看待和处理竞争与友善的关系,这是友善之当代诉求的主题,因为似乎是竞争使得"人情淡薄"了,导致"人心不古"了;二是在社会公共生活中大力倡导善待他人和自然的文明之风。

竞争的意义不言而喻,我国改革开放中推行市场经济,从某种意义上来说就是引进竞争观念和机制的结果。不竞争,我国就不可能取得今天的辉煌成就,就不可能出现今天这种人才辈出、争先恐后谋发展做贡献的局面。

"竞争"是一个含义宽泛的概念,可以根据对象、内容、方

> 以文常会友,
> 惟德自成邻。
> ——祖咏

式的不同划分为不同的类型。与友善相关的竞争,主要是发生在不同个体之间的竞争,不同的人为了争取同一个目标或同一种资源,就可能会发生矛盾和不和谐,从而难以友善待人。于是,如何在开展竞争的前提下做到友善待人,就成了一个实实在在的问题。

总体来说,正确看待和处理竞争和友善的关系,既不能因为竞争而以邻为壑,以至于以敌对的心态和方式对待另一位竞争者,也不能因为讲究友善、善待他人而不敢或不愿与人争高低,以至于放弃自己应有的或本可以属于自己的发展机遇和空间。具体来说,一要理性地认识竞争与友善的关系,看到两者不是根本对立的,在自己的人生旅途中完全可以凭借智慧和能力统一起来的;二要正确估量自己,不要自视清高,目空一切,特别是不要看不起那些与自己的追求和发展存在利害关系的身边同事;三要区分进取心与忌妒心理的界限,自觉克服忌妒心理。忌妒是一种不健康的心理,忌妒心严重的人,视与自己创造竞争关系的人为敌,根本不可能友善待人;四要谦虚好学,向那些与自己存在竞争关系却比自己强的人学习,取他人之长补自己之短,这样就自然会善待他人,在一种和谐的人际关系中把竞争与友善合情合理地统一了起来。

改革开放和发展社会主义市场经济,拓展了社会公共生活的领域,人们相处和交往的方式迅速从"熟人社会"转向"陌生人社会",友善作为中华民族传统美德也面临各种问题和挑战。这种变化,可以从见诸传媒的一些报道中看出来。如在旅游景点乱扔垃圾、恶语伤人以至于拳脚相加之类的不文明言行,在公共汽车上年轻人不愿给长者让座、长者倚老卖老欺侮年轻人之类的不文明举止、广场舞扰民及又反被受扰者所

> 人生交契无老少,论交何必先同调。
> ——杜甫

"扰"之间相互伤害的行为等,都是缺乏善待他人品性的表现。

在社会公共生活中大力倡导善待他人和自然的文明之风,首先要从传承中华民族与人为善的传统美德做起,在社会公共生活领域大力倡导推己及人、与人为善的做人原则和新风尚。其次,要从加强立法、创建适用"陌生人社会"公共生活实际需要的相关法规做起。再次,要从注重培养青少年友善的品德做起。中小学的思想品德课和高校思想政治理论课中的"道德修养和法律基础"课,要有友善方面的教育教学内容。从社会的教育机制来说,要营造有助于青少年形成友善品德的环境。

综上所述,只要我们在全社会抓住诚实守信和友善待人这两个环节,就可以将社会主义核心价值这两个方面的要求落到实处,在全社会形成新的文明风尚。

》学习思考题》

1. 为什么说文明是社会主义现代化强国的重要标志?

2. 为什么说在世界几大古代文明中,中华文明没有中断、延续发展至今?

3. 为什么说友善是中华民族的传统美德?应当如何加以继承和发扬?

> 投我以桃,报之以李。
> ——《诗经》

第五章

推进社会主义核心价值观大众化

> 大众,即群众、普通人,在历史唯物主义视野里是历史范畴。在我国社会主义社会,大众所指则是"当家做主"的广大人民群众。一般认为,大众化就是把某种抽象的理论通俗化、具体化,使之能够为人民大众所理解、所接受。国家公务员特别是党员领导干部,不仅要带头学习、理解和践行社会主义核心价值观,而且要积极推进社会主义核心价值观大众化,使之逐渐转变为广大人民群众的自觉意识和行动。

> 在我党的一切实际工作中,凡属正确的领导,必须从群众中来,到群众中去。
> ——毛泽东

一、人民群众是社会历史发展的真正动力

人民群众是一个历史范畴。在不同历史时期以及同一时期的不同国家和地区,人民群众所包含的内容有所不同。它具有质和量两个方面的规定性。从质上说,人民群众是顺应社会历史潮流,适应社会发展的需要,成为社会历史发展的推

动力量的人们,就是说是社会历史发展的推动者。从量上看,人民群众是社会成员中的绝大多数。历史唯物主义认为,社会历史从根本上说是生产发展的历史,是人民群众所创造的历史。正如毛泽东所深刻指出的那样:"人民,只有人民,才是创造世界历史的动力。"①

1. 人民群众是创造社会物质财富的主体

人民群众是社会生产的承担者,是社会物质生活资料的生产者,创造了人们吃穿住行等必需的生活资料和从事政治、科学、文化、艺术等活动所必需的物质前提。

人类社会赖以存在的和发展的基础是物质资料的生产方式。物质资料生产活动的主体是劳动群众。人类要生存和发展,首先要有吃穿住行等必需的生活资料。这些生活资料需要劳动群众进行生产。劳动群众在促进物质资料的生产从简单到复杂、从低级到高级的发展过程中,不断积累生产经验,改进生产工具,提高生产劳动技能,从而推动生产力的发展和社会物质财富的积累和增长。正因为如此,生产力、生产方式乃至整个人类社会才得以存在和发展。这里所说的"劳动群众",既包括体力劳动者也包括脑力劳动者,他们相互作用、优势互补,共同推动社会发展。随着生产过程的现代化和繁重体力劳动逐渐为机械所代替,从事科学技术活动的脑力劳动者即知识分子日益成为创造社会物质财富的必不可少的重要力量。在当代,科学技术是第一生产力,它在生产中的地位越来越重要,这就决定了从事科学技术工作的知识分子在推动

> 社会主义不是少数人一个党所能实现的。只有千百万人学会亲自做这件事的时候,社会主义才能实现。
> ——列宁

---

① 《毛泽东选集第》第3卷,人民出版社1991年版,第1031页。

社会生产力进步、创造社会物质财富过程中的作用日益凸显。

随着劳动分工的产生和发展,社会上出现了一部分人专门从事政治、科学、文化、艺术等活动。这是人类社会前进的重要体现。众所周知,从事政治、科学、文化、艺术等活动需要一定的物质基础,否则是不可能的,也是难以为继的。比如,从事这些活动的人首先需要基本的生活必需品,还有,他们也需要从事活动所必需的物质手段等等。正如恩格斯所指出的:"人们首先必须吃、喝、住、穿,然后才能从事政治、科学、艺术、宗教等等。"[①]那么,提供这些物质基础的则是广大的劳动群众。劳动群众在物质生产中的主体地位从根本上决定了人民群众是社会物质财富的创造者。

> 一个国家的力量在于群众的觉悟。只有当群众知道一切,并自觉地从事一切的时候,国家才有力量。
>
> ——列宁

2. 人民群众是创造社会精神财富的主体

人民群众的生产生活实践是精神财富赖以产生的根源。不仅如此,人民群众还直接创造精神财富。

在人类精神产品的生产过程中,杰出的思想家、科学家和艺术家发挥着十分重要的作用,对人类科学文化的发展做出了不可磨灭的贡献。然而,从最终意义上说,人民群众的生活生产实践是一切精神财富形成和发展的源泉。离开人民群众的生产实践和生活实践,任何思想家、科学家和艺术家的创造性活动都将成为无源之水、无本之木。正所谓"巧妇难为无米之炊"。毛泽东在谈到文学艺术创作离不开人民群众时曾说:"人民生活中本来存在着文学艺术原料的矿藏,这是自然形态的东西,是粗糙的东西,但也是最生动、最丰富、最基本的东

---

① 《马克思恩格斯选集》第3卷,人民出版社1995年版,第776页。

西……它们是一切文学艺术取之不尽、用之不竭的唯一源泉。"①毛泽东在这里尽管是就文学艺术创作而言的,但对其他精神产品生产者来说,同样具有指导价值和借鉴意义。

人民群众对精神财富的创造,还突出表现在他们对生活素材进行初步加工,从而为许多不朽的艺术作品提供直接的依据。我国古代著名的诗歌集《诗经》,古典小说《水浒》、《三国演义》、《西游记》,德国大文豪歌德的《浮士德》等等,都是在民间口头文学和民间传说的基础上创作而成的。科学技术的发展也是如此。我国西汉晚期的重要农学著作《泛胜之书》、北魏的《齐民要术》、元代王祯的《农书》、明代的《天工开物》、《农政全书》等以及明代的医药名著《本草纲目》,也都是在直接总结古代劳动人民的农业、手工业生产实践和医疗实践经验的基础上编写而成的。正如马克思在谈到近代科技的发明所说的那样:"如果有一部考证性的工艺史,就会证明,18世纪的任何发明,很少是属于某一个人的。"②

人民群众对精神财富的创造又体现在他们直接就是一些优秀精神产品的创造者。比如,古代印度和欧洲的许多史诗作品、古埃及的金字塔文化、我国古代的敦煌石窟和龙门石窟的雕塑和壁画,以及我国古代蒙古族的《江格尔》、藏族的《格萨尔王传》、维吾尔族的《十二木卡姆》等许多的思想文化瑰宝,都是人民群众的伟大创造。③ 在这一过程中,涌现出不少伟大的思想家、科学家和艺术家。比如我国北宋时期发明活

> 只有代表群众才能教育群众,只有做群众的学生才能做群众的先生。
> ——毛泽东

---

① 《毛泽东选集》第3卷,人民出版社1991年版,第860页。
② 《马克思恩格斯全集》第44卷,人民出版社2001年版,第428—429页。
③ 马克思主义哲学编写组:《马克思主义哲学》,高等教育出版社2009年版,第213页。

字印刷的毕昇、南宋著名纺织家黄道婆、英国蒸汽机的发明者瓦特、电磁学家法拉第、美国电学理论家富兰克林、俄国文学巨匠高尔基等。

3. 人民群众是推动社会变革和发展的主体力量

作为社会变革的决定力量,人民群众在革命年代是推动社会生产关系变革的决定性力量,在和平建设年代是推动改革的决定性力量。

人民群众在创造社会财富的同时,也创造着社会关系。生产关系的变革、社会制度的更替最终取决于生产力的发展,但它又不会随着生产力的发展自发实现,必须通过人民群众的革命实践。人民群众创造历史的作用同社会基本矛盾的运动规律是一致的。人民群众通过对生产工具和生产技术进行革新,直接推动生产力的发展,进而推动生产关系的变革,是社会变革的主力军。"历史活动是群众的事业,随着历史活动的深入,必将是群众队伍的扩大"[①]。人类社会发展的历史表明,一切真正的社会革命运动,实质上都是人民群众组织起来摧毁腐朽的社会制度的斗争。人民群众始终是推翻旧社会建立新社会的决定性力量,没有他们参加的革命斗争,任何社会制度的变革都是不可能实现的。人心向背体现了社会发展的趋势,反映了时代变革的要求,代表了历史的主流。当人民群众普遍感到不能再忍受旧的生活形式,决意创造新的生活形式时,就表明社会矛盾已经极其尖锐化,社会发展的革命性变革就要来临。

> 怨不在大,可畏惟人;载舟覆舟,所宜深慎。
> ——魏征

---

① 《马克思恩格斯全集》第1卷,人民出版社1995年版,第616页。

在和平建设时期,人民群众是推动社会改革的决定力量。如果没有人民群众的积极参与,再好的改革蓝图也难以变为现实。这从我国改革开放以来的波澜壮阔的历史进程可以看得出来。党的十一届三中全会以后,我们党实现了工作重心的转移,领导人民进行改革开放。改革开放30多年来,我国取得了举世瞩目的伟大成就,经济实力跃居世界第二,人民生活达到小康水平,国际地位显著提升。可以说,这个历史时期是我国历史上发展最快、人民生活改善最大的时期。之所以能够取得如此巨大的成就,是因为我们党在推进改革开放和现代化建设的过程中,始终尊重人民群众创造历史的作用,总是满腔热情地鼓励和支持人民群众在实践中创造新生事物。邓小平指出:"我们改革开放的成功,不是靠本本,而是靠实践,靠实事求是。农村搞家庭联产承包,这个发明权是农民的。""农村改革中的好多东西,都是基层创造出来,我们把它拿来加工提高作为全国的指导"①。在30多年改革发展的历程中,人民群众的积极支持,使我们经受住了来自各个方面的风险和考验,始终保持中国特色社会主义航船沿着既定目标胜利前进。历史已经并将继续证明,我国社会主义建设的一切成就,都是全体人民群众发挥积极性和创造性取得的。正因为如此,十八大把"坚持人民主体地位"作为中国特色社会主义取得新胜利的"必须"要求之一。习近平总书记强调,"人民群众是我们力量的源泉"。

总之,社会的变革与发展,是人民群众在把握社会基本矛盾运动规律的基础上创造性活动的结果。正是人民群众一代

> 皇祖有训,民可近不可下,民惟邦本,本固邦宁。
> ——《尚书》

---

① 《邓小平文选》第3卷,人民出版社1993年版,第382页。

又一代接续的实践活动创造着历史,推动着社会前进,决定着社会发展的历史进程。

二、宣传、发动和组织群众践行社会主义核心价值观

人民群众是我们事业的根本力量。只有宣传、发动和组织人民群众将社会主义核心价值观内化于心外化于行,才能推动中国特色社会主义事业发展,助推中国梦早日实现。

> 政之所兴,在顺民心。政之所废,在逆民心。
> ——《管子》

1. 宣传、发动和组织群众践行社会主义核心价值观的必要性

作为一个社会时代精神的内核,社会价值观已渗透到社会的各个方面,在全社会发挥着导向功能、凝聚功能和整合功能。社会主义核心价值观是社会主义核心价值体系的内核最高抽象。宣传、发动和组织群众践行社会主义核心价值观意义重大,能够巩固社会主义核心价值体系的主导地位,凝聚广大群众的意志倾向,规范人民群众的品德操行。这亦是建设中国特色社会主义的内在要求,有助于国家安全和社会稳定。

培育和践行社会主义核心价值观有助于巩固社会主义核心价值体系的主导地位。社会主义核心价值观是社会主义核心价值体系的内核,体现着社会主义核心价值体系的根本性质和基本特征,反映着社会主义核心价值体系的丰富内涵和实践要求,是社会主义核心价值体系的高度凝练和集中表达。这四句话,实际上是对核心价值观和核心价值体系两者关系的一个基本定位。如是观,社会主义核心价值观的培育和践行能够巩固社会主义核心价值体系的主导地位。社会主义核

心价值观是社会主义意识形态的本质体现,是全党全国各族人民团结奋斗的共同思想基础。众所周知,任何一个国家和民族在其历史发展的进程中,都会形成体现自己社会意识形态的稳定的、统一的、主导的价值观念。我国是一个发展中的社会主义国家,在社会价值规范和伦理道德中,居于支配地位的是社会主义核心价值观。这是保障我国社会主义现代化建设事业走向成功的思想基础和精神支柱。党的十六届六中全会首次明确提出了建设社会主义核心价值体系的重大战略任务,党的十七大再次强调,社会主义核心价值体系是社会主义意识形态的本质体现。要巩固马克思主义指导地位,坚持不懈地用马克思主义中国化最新成果武装全党、教育人民,用中国特色社会主义共同理想凝聚力量,用以爱国主义为核心的民族精神和以改革创新为核心的时代精神鼓舞斗志,用社会主义荣辱观引领风尚,巩固全党全国各族人民团结奋斗的共同思想基础。党的十八大又再一次要求要深入开展社会主义核心价值体系学习教育,用社会主义核心价值体系引领社会思潮,凝聚社会共识。同时提出"三个倡导"的社会主义核心价值观。人民群众是培育和践行社会主义核心价值观的主体,是建设中国特色社会主义伟大事业的主体力量。只有以社会主义核心价值观引导广大群众的理想信仰、价值理念和行为规范,大力加强社会主义荣辱观教育,坚定中国特色社会主义的共同理想,不断弘扬民族精神和时代精神,才能保证人民群众以正确的立场、观点和方法明辨是非,纠正思想偏颇,提高对复杂社会思潮和多元价值观念的鉴别能力。从而实现广大人民群众对社会主义主流价值的自觉追求,使其成为学习和践行社会主义核心价值观的积极参与者。

> 民恶忧劳,我佚乐之。民恶贫贱,我富贵之。民恶危坠,我存安之。民恶灭绝,我生育之。
>
> ——《管子》

> 乐民之乐者，民亦乐其乐；忧民之忧者，民亦忧其忧。乐以天下，忧以天下，然而不王者，未之有也。
>
> ——《孟子》

培育和践行社会主义核心价值观有助于坚定广大群众的理想信念。中共中央办公厅印发的《关于培育和践行社会主义核心价值观的意见》指出，培育和践行社会主义核心价值观要"坚持以理想信念为核心，抓住世界观、人生观、价值观这个总开关，在全社会牢固树立中国特色社会主义共同理想，着力铸牢人们的精神支柱"[①]。理想信念是价值观的精髓，昭示着人类的共同追求，社会进步的强大精神动力。当前和今后一个时期，全国人民的共同理想是坚定不移地沿着中国特色社会主义道路前进，确保到2020年实现全面建成小康社会的宏伟目标。在此基础上继续努力奋斗，在本世纪中叶把我国建设成为富强、民主、文明、和谐的社会主义现代化国家。社会主义核心价值观在国家层面所倡导的富强、民主、文明、和谐的价值目标和全国人民的共同理想是一致的。对富强的追求，既是近代以来华夏儿女的热切期盼，又是当代中国人民的价值诉求。体现了社会主义初级阶段的最大国情，既有当代价值，更有传统价值。民主、文明、和谐是中华民族孜孜以求的目标。它有机地融合了传统文化中"和"的因素，又承接人类文明优秀成果，具有重要的当代价值。这就具有了强大的感召力、向心力和吸引力，全国人民将为之不懈努力。

培育和践行社会主义核心价值观有助于规范广大人民群众的品德操行。随着改革开放的持续推进和社会主义市场经济的深入发展，我国社会生产力得到极大提高，人民的生活水平大大改善，综合国力显著提升。这些成就世人有目共睹。但与此同时，人们的价值观也发生了非常大的变化。对外开

---

① 《关于培育和践行社会主义核心价值观的意见》，人民出版社2013年版，第5—6页。

放条件下,体现西方文化的一些价值观念传到国内,这些价值观有积极的一面,比如讲究公平竞争、注重效率和法制建设等等。但其中也有消极的一面,比如金钱的作用被无限放大了,一部分人形成了"金钱万能"的价值观念,为了金钱,不顾礼义廉耻,唯利是图,享乐主义、拜金主义和消费主义等不良价值观不断滋生。一些人为了金钱不顾良心、责任,不惜贪赃枉法、腐化堕落。也有人为了享乐,放弃自己的家庭责任和社会责任,沦为只知寻找刺激和快感的麻木不仁的人。享乐主义、拜金主义等生活方式,都是一种把人生追求庸俗化的表现,这些人虽然只是少数,但其危害性不可低估。在一定程度上,它造成了人们的道德迷失和价值迷惑,甚至形成价值危机。市场经济环境中,在金钱的冲击下,人们原有的道德观念被冲淡。在激烈的市场竞争和巨大利益的诱惑下,"欺诈欺骗、坑蒙拐骗"等行为不断出现,这既扰乱了社会主义市场经济的健康发展,也带来了"信任危机",极大地影响了社会风气,削弱了传统道德的规范作用。[①] 面对这些情况,就需要发挥社会主义核心价值观的引导和规范作用,用社会主义核心价值观的强大凝聚力来帮助广大人民群众走出价值误区。社会主义核心价值观倡导自由、平等、公正、法治,是社会层面的价值取向;倡导爱国、敬业、诚信、友善,是个人层面的价值准则。这两个倡导对我们每个人提出了新的和更高的要求。爱自己的岗位,全身心地投入到岗位中,干好本职工作,才可能为国家、为社会、为家庭做出自己的贡献。作为文化建设的灵魂和精

> 故善为国者遇民,如父母之爱子,兄之爱弟,闻其饥寒为之哀,见其劳苦为之悲。
>
> ——《说苑》

---

① 中共中央组织部党员教育中心组织编写:《兴国之魂——社会主义核心价值观五讲》,人民出版社2013年版,第6、18页。

髓,社会主义核心价值观为实现人们的文明生活提供了良好的价值规范。

培育和践行社会主义核心价值观是中国特色社会主义建设的内在要求。习近平总书记在党的十八届三中全会上强调指出:"改革开放的旗帜必须继续高高举起,中国特色社会主义道路的正确方向必须牢牢坚持。"继续坚持改革开放,坚定不移地走中国特色社会主义道路,是中国共产党人向世界做出的庄严宣示,也是实现中华民族伟大复兴中国梦的必由之路。走中国特色社会主义道路,建成富强、民主、文明、和谐的现代化强国,既是全中国人民的共同理想,也是我们党的最低纲领,更是我们党在社会主义初级阶段的光荣使命。社会主义核心价值观在国家层次上的内容要求是"富强、民主、文明、和谐",这正是我们党坚持中国特色社会主义道路的内在要求。社会主义核心价值观是建设中国特色社会主义的精神之魂。在全球化浪潮的冲击下,意识形态的传输力、渗透力、吸引力十分强劲,对于中国这样一个后发展国家,共同价值取向是人民形成共同信念和政治共识的重要前提。党的建设和中国改革开放的成功经验说明,培育和践行社会主义核心价值观,将有利于在全社会树立中国特色社会主义共同理想,让中国特色社会主义理想信念成为全国人民团结奋斗的共同思想基础,并转化为改造世界的物质力量。当然,培育和践行社会主义核心价值观,要将社会主义核心价值的基本原理由抽象的理论转化为具体生动的理论,由单纯理论研究转化为理论创新与普及实践相结合,由被少数人理解和掌握转化为被广大群众所理解和掌握的过程。

培育和践行社会主义核心价值观,让主流价值观潜移默

> "知屋漏者在宇下,知政失者在草野。"
> ——习近平《在河北调研指导党的群众路线教育实践活动时的讲话》(2013年7月11日)引此语

化为人民大众的思维模式和行为方式,有助于国家安全和社会稳定。核心价值观是一个国家的重要稳定器,构建具有强大感召力的核心价值观,关系社会和谐稳定,关系国家长治久安。正因如此,习近平总书记强调,要"坚守我们的价值体系,坚守我们的价值观"。2014年2月,他在中央政治局第十三次集体学习时指出:"我们要从巩固全党全国各族人民团结奋斗的共同思想基础、巩固党的执政地位的战略高度,持续加强社会主义核心价值体系建设,把培育和弘扬社会主义核心价值观作为凝魂聚气、强基固本的基础工程,作为一项根本任务,切实抓紧抓好。"①在改革开放和发展社会主义市场经济的背景下,人们思想活动的独立性、选择性、多变性和差异性不断增强,价值观出现多样化。当然,价值观的多样化有利于解放思想,促进社会的创造活力,但是我们要主动引导这种变化,以社会主义核心价值观为主导,求同存异,保证不同阶层、不同群体的人们都能从社会主义核心价值观中寻找到适合自己的价值目标、价值取向。苏东国家剧变的历史教训说明,主流意识形态淡化、是非标准颠倒往往是社会动乱的源头。国际合作可以淡化主义之争,但国家的主流意识形态任何时候都需要强化而非回避。对于转型期的中国而言,国家安全、社会稳定、政党建设都需要加强培育和践行社会主义核心价值观。② 还是在这次集体学习时,习近平着重指出:"培育和弘扬核心价值观,有效整合社会意识,是社会系统得以正常运转、社会秩序得以有效维护的重要途径,也是国家治理体系和治

> "知屋漏者在宇下,知政失者在草野,知经误者在诸子。"
> ——语出汉人王充《论衡》

---

① 《习近平总书记系列重要讲话读本》,学习出版社、人民出版社2014年版,第94页。
② 张飞燕:《推进社会主义核心价值观大众化的思考与对策》,《学术论坛》,2009年第4期。

理能力的重要方面。历史和现实都表明,构建具有强大感召力的核心价值观,关系社会和谐稳定,关系国家长治久安。"

2. 宣传、发动和组织群众践行社会主义核心价值观所面临的挑战

贫富差距的扩大与党内腐败现象的蔓延严重削弱了核心价值观培育和践行的实施效果。社会主义核心价值观的表达方式还需要进一步凝练,社会主义核心价值观的传播路径尚需拓展。同时还面临西方敌对势力实施和平演变战略与我国社会转型期带来的挑战。

贫富差距与党内腐败现象使得少数人对中国特色社会主义共同理想产生疑问。改革开放以来,我国不同地区不同群体都获得了很大的发展和进步。但由于历史的和现实的因素,使得不同地区不同群体的发展差距在扩大,而且这种扩大的趋势在短期内很难消除。根据国家统计局数据显示,2013年,我国的基尼系数为 0.473。基尼系数是国际上用来综合考察居民内部贫富差距的一个指标,数字越高,说明贫富差距越大,按照国际标准通常以 0.4 作为贫富差距的警戒线,超过 0.4 则说明收入差距较大,超过 0.6 则说明收入差距悬殊。可见,我国的基尼系数仍然处于高位。改革开放的成果应该普惠,"如果我们的发展不能回应人民的期待,不能让群众得到看得见、摸得着的实惠,不能实现好、维护好、发展好最广大人民根本利益,这样的发展就失去意义,也不可能持续"[①]。贫富差距对社会主义核心价值观的培育和践行的负面影响是不可低估

> "衙斋卧听萧萧竹,疑是民间疾苦声。"
> ——习近平《在河北省阜平县考察扶贫开发工作时的讲话》(2012 年 12 月 29、30 日)引此语

---

① 《习近平总书记系列重要讲话读本》,学习出版社、人民出版社 2014 年版,第 109 页。

的。这种情况如果不能根本扭转,社会主义核心价值观的培育和践行就缺乏深厚的物质前提和现实基础。

  党内腐败现象滋生蔓延使得一些群众对马克思主义、中国特色社会主义理论产生疑问,也严重影响了党在群众中的威信,影响了社会主义核心价值观的培育和践行。应该说,这种情况的存在,一些党员领导干部负有不可推卸的责任。纵观人类社会历史,任何社会核心价值观的建立首先要由执政阶层人士的身体力行,将自己的人格魅力转化为群众效仿的对象,才能形成长远且积极的影响。众所周知,腐败现象是与我们党的宗旨格格不入的。我们党的宗旨是全心全意为人民服务。"让老百姓过上好日子是我们一切工作的出发点和落脚点"。然而,在近年来查处的腐败案例中,少数领导干部一边在各种场合大讲反腐败的重要性,一边不择手段地聚敛钱财、贪污腐败;一些基层窗口单位存在着吃、拿、卡、要现象,令广大老百姓深恶痛绝。这些腐败行为在人民群众中造成了消极影响,甚至直接影响到党和政府的威信与执政基础,也严重影响到群众对坚持中国特色社会主义共同理想的信念。正是由于个别党员干部腐败现象的存在,使得许多群众都错误地认为,人都是自私自利的,并将媒体上所宣传的那些美好的、高尚的价值观和追求目标都看作是愚弄民众、不可信的。这也是造成社会主义核心价值观培育和践行困境的一个重要原因。因为"听其言而观其行"是群众辨别一位干部、一个政党好坏最直接、最现实的标准。

  社会主义核心价值观的表达方式还需要进一步凝练。社会主义核心价值观内容涉及国家、社会和个人等三方面内容。它能起到增强国民爱国意识,培育国民道德情操,提升中华民

> "衙斋卧听萧萧竹,疑是民间疾苦声。些小吾曹州县吏,一枝一叶总关情。"
> ——语出清人郑燮《潍县署中画竹呈年伯包大丞括》

族的向心力的巨大作用。和社会主义核心价值体系相比,十八大提出的"三个倡导"的社会主义核心价值观已经大为简略,但仍有12个词24个字,还是不易于人们理解和记忆。有学者调查发现:42%的人认为社会主义核心价值观表达不简洁,理论性太强,很难去理解;72%的人认为应对社会核心价值观的内容加以凝练,使之有助于群众接受和理解。这就要求学界理论界进一步加强理论研究,对社会主义核心价值观的表达方式做进一步凝练。力争用3到4个词概括社会主义核心价值观。不求面面俱到,但求抓住关键,能够引起人们共鸣。为此,学界理论界要沉下身子,深入基层,深入群众,这样才能真正摸清楚基层的实际情况,真正摸清楚影响改革发展稳定的突出问题,真正及时了解人民群众的所思所盼。如此概括提炼的社会主义核心价值观才能落地生根,易为大众所理解和掌握。

> "老吾老,以及人之老;幼吾幼,以及人之幼。"
> ——习近平《干在实处走在前列》引此语

社会主义核心价值观传播路径较单一,尚需拓展。社会主义核心价值观的传播如果简单地依靠政府权威、行政手段或道德说教,或者一味采用强制手段进行思想的教育和灌输,就有可能加深群众的逆反情绪,脱离群众,也背离社会核心价值观大众化的思路。不但起不到积极效果,反而会引发社会的抵触心理。因此,社会主义的核心价值观的传播手段应朝多元化的方向发展,充分利用现代多种传播方式和途径,对社会主义核心价值进行广泛宣传。为此,新闻媒体要发挥传播社会主流价值的主渠道作用。坚持团结鼓劲、正面宣传为主,牢牢把握正确舆论导向,把社会主义核心价值观贯穿到日常形势宣传、成就宣传、主题宣传、典型宣传、热点引导和舆论监督中,弘扬主旋律,传播正能量,不断巩固壮大积极健康向上的主流思想舆论。建设社会主义核心价值观的网上传播阵地。适应互联网快速发展形势,善于运用网络传播规律,把社会主义核心价值观体现到网络宣传、网络文化、网络服务中,用正面声音和先进文化占领网络阵地。同时,要使社会主义核心价值观获得大众认可,就应充分考虑传播中的可接受性,合理借助大众文化和大众言语的生动性、具体性、通俗性等特点,实现主流价值和大众文化的融合,让广大群众能听得懂、看得懂,充分学习和切实理解社会主义核心价值观的基本内涵和要求。①"要润物细无声,运用各类文化形式,生动具体地表现社会主义核心价值观,用高质量高水平的作品形象地告诉人们什么是真善美,什么是假恶丑,什么是值得肯定和赞扬的,什么是必须反对和否定的"。"使核心价值观的影响像空气一样无所不在、无时不有"②。

西方敌对势力实施和平演变战略给社会主义核心价值观的培育践行亦带来严峻的挑战。众所周知,西方国家和平演变战略的实施,导致20世纪80年代末90年代初东欧社会主义国家的剧变和解体。从而实现了他们"西化"、"分化"东欧社会主义的战略目的。东欧剧变后,中国成为世界上最大的发展中的社会主义国家。在这种情况下,西方发达国家的"和平演变"战略发生了重大变化,其矛头集中指向社会主义的中国。西方敌对势力将社会主义的中国视为其眼中钉、肉中刺,它们不愿看到一个统一的强大的社会主义中国。总想设法将

> "老吾老,以及人之老;幼吾幼,以及人之幼,天下可运乎掌。"
> ——语出《孟子·梁惠王上》

---

① 姬兴涛:《社会主义核心价值观大众化的困境与对策分析》,《人民论坛》,2013年第2期。
② 习近平:《把培育和弘扬社会主义核心价值观作为凝魂聚气强基固本的基础工程》,《人民日报》,2014年2月26日。

中国"分化"、"西化"掉。改革开放以来,中国取得了令人瞩目的成就,综合国力明显增强,国际地位显著提升。因此,西方国家尤其是美国更是把中国视为潜在的竞争对手,担心中国的强大会挑战其在国际社会中的霸主地位。于是,千方百计地遏制中国的发展。当前,西方国家通过经济交往、文化交流以及外交活动等多个领域对我国实施"和平演变"战略。

> "圣人无常心,以百姓之心为心。"
> ——习近平《之江新语·主仆关系不容颠倒》引此语

在经济方面,西方国家利用其经济和科技优势,向中国进行渗透、传播其意识形态和价值观,扩大其对中国政治、社会生活的影响。美国前总统克林顿就曾说过,贸易是美国"能够在全世界推广美国的核心价值观的工具"。在文化方面,西方国家利用各种宣传工具不断加强对中国思想和文化的渗透,要在中国大量传播所谓"自由的种子",企图达到动摇、分裂、演变社会主义中国的目的。他们还利用现代传媒网络的优势和国际文化交流,通过舆论宣传和思想渗透来动摇中国人民对马克思主义的信仰和对社会主义的信念。在外交方面,西方国家尤其是美国不断利用所谓的"人权问题"干涉中国内政。西方国家"和平演变"战略的实质就是要使社会主义中国的政治制度发生根本性变化并向资本主义方向转变。应该说,这一战略对我国社会主义核心价值观的培育践行是一种很大的压力和挑战。

我国社会转型给社会主义核心价值观的培育践行亦带来一定的挑战。我国社会转型包括体制的转型、社会结构的变动和社会形态的变迁等。尤其是在我国经济实现由计划经济体制向市场经济体制的转变,使原有的经济成分、组织形式、就业方式、分配方式发生了根本性的改变。这样自然就引起利益格局的变化和利益关系的冲突,使人们原有的利益分配、价值判断都发生了很大程度的改变，在思想和情绪上容易产生困惑与波动，在此背景下就会形成与国家主流意识形态不同的各种社会思潮。与此同时，随着社会主义市场经济的建立和发展，人们的价值取向和评价标准出现了功利化的趋势，不少人崇尚金钱、看重享乐。有些人经不起钱、权、色、利的考验，可能会被敌对势力加以利用从而实现他们破坏我国社会安定的企图。对这些与主流意识形态不同的社会思潮如果不加以有效引导，很容易造成人们认识上的模糊与思想上的混乱。这些都会使得社会主义核心价值观的培育践行受到严重的挑战。

3. 宣传、发动和组织群众践行社会主义核心价值观的基本路径

加强宣传推广，使社会主义核心价值观内化于心。提升国民福祉，夯实社会主义核心价值观大众化根基。消除党内腐败现象，增强社会主义核心价值观大众化的向心力。

加强宣传推广，使社会主义核心价值观内化于心，这是群众践行社会主义核心价值观的前提和基础。马克思曾说："理论一经掌握群众，也会变成物质力量，理论只要说服人，就能掌握群众；而理论只要彻底，就能说服人。所谓彻底，就是抓住事物的根本。但是，人的根本就是人本身。"[①] 大众化的本质在于宣传教育群众、引导提高群众。社会主义核心价值观要回到大众，实现大众化，必须要经过宣传教育这一中介环节，

> "圣人无常心，以百姓之心为心。善者吾善之，不善者吾亦善之；德善。"
> ——语出《老子·第四十九章》

---

① 《马克思恩格斯选集》第1卷，人民出版社1995年版，第9页。

把"这种意识""从外面灌输进去"①。为此,党和政府在社会主义核心价值观大众化建设中要发挥主体作用,确立正确的舆论导向,履行好领导和管理职能。要把社会主义核心价值观融入到国民教育、精神文明建设、党的建设、改革开放和现代化建设的全过程。将社会主义核心价值观的精髓思想融入到群众日常生活、学习、工作和自觉的行为中去,使社会主义核心价值观深入人心,大众化、普及化程度不断提高。新闻媒体要发挥传播社会主流价值的主渠道作用。把社会主义核心价值观贯穿到日常形势宣传、成就宣传、主题宣传、典型宣传、热点引导和舆论监督中,弘扬主旋律,不断宣传积极健康向上的主流思想舆论。要适应大众化特点,多联系群众身边事例,多运用大众化语言,在生动活泼的宣传报道中引导人们培育和践行社会主义核心价值观。适应互联网快速发展形势,善于运用网络传播规律,把社会主义核心价值观体现到网络宣传、网络文化、网络服务中,用正面声音和先进文化占领网络阵地。要发挥精神文化产品育人化人的重要功能。一切文化产品、文化服务和文化活动,都要弘扬社会主义核心价值观,传递积极人生追求、高尚思想境界和健康生活情趣。大力弘扬"孝、悌、忠、恕"的传统仁爱精神,唤醒人们对"真、善、美"的追求,使其成为一种行为自觉。运用公益广告传播社会主流价值、引领文明风尚。围绕社会主义核心价值观,加强公益广告的选题规划和内容创意,形成公益广告传播先进文化、传扬新风正气的强大声势。社会主义核心价值观的宣传推广要接地气、联系实际。要从教育对象的客观实际出发,有的放矢、量

> "德莫高于爱民,行莫贱于害民。"
> ——习近平《之江新语·主仆关系不容颠倒》引此语

---

① 《列宁选集》第1卷,人民出版社1995年版,第317页。

体裁衣。"要坚持以理服人与以情感人相统一,体现真情实感、人文关怀,在情与理的沟通中产生共鸣,让群众切实感受到理论的魅力。要善于把理论观点融入群众接受信息和学习知识中、融入各种文化产品和文化活动中,善于变大道理为小道理、变深刻性为通俗性"①。既要尊重民众意愿,也要考虑民族的文化传统和国人的文化习惯。要用通俗易懂、生动活泼的大众话语表达方式,将社会主义核心价值观的抽象理论渗透到典型事例、影视作品、文学艺术、时代楷模、公益广告、人文景观、文化活动等具体的生活载体中,形成强大的宣传合力和浓厚的舆论氛围,使人民群众在亲自体验与氛围感染中将社会主义核心价值观内化认同并转化为自觉行动的追求。"通过理论文章、专家讲座、权威访谈、编写通俗理论读物等理论宣传方式,把社会主义核心价值观融入哲学、文学、艺术、传播等各学科之中,从而实现理论宣传的思想性、实用性和趣味性,让群众在内化与外化双向互动中实现灌输与渗透、自律和他律、理论与实践相结合"②。

提升国民福祉,夯实社会主义核心价值观大众化根基。这是因为,在任何情况下,个人总是"从自己出发的"。"对于各个个人来说,出发点总是他们自己"。"任何人如果不同时为了自己的某种需要和为了这种需要的器官而做事,他就什么也不能做"③。个人的需要就是个人的利益所在。马克思

> 叔向问晏子曰:"意孰为高?行孰为厚?"对曰:"意莫高于爱民,行莫厚于乐民。"又问曰:"意孰为下?行孰为贱?"对曰:"意莫下于刻民,行莫贱于害身也。"
> ——语出《晏子春秋·内篇问下》

---

① 刘云山:《架起科学理论与人民大众的桥梁 用马克思主义中国化最新成果掌握群众》,《人民日报》,2010年3月29日。
② 张飞燕:《推进社会主义核心价值观大众化的思考与对策》,《学术论坛》,2009年第4期。
③ 《马克思恩格斯全集》第3卷,人民出版社1960年版,第286页。

说:"'思想'一旦离开'利益',就一定会使自己出丑。"①利益是思想认同的基础,利益关系对价值认同具有巨大推动作用。推进社会主义核心价值观大众化,必须关切人民群众的切身利益,这是实现大众化的内在诉求和根本动力。只有这样,社会主义核心价值观才会有其存在合理的现实根基,才会被人们乐于接受。不反映群众需要,不关注群众利益的价值观不会被群众所接受。毛泽东在总结革命经验时曾多次深刻阐述这一思想,他说:"我们要胜利,一定还要做很多的工作……解决群众的穿衣问题,吃饭问题,住房问题,柴米油盐问题,疾病卫生问题,婚姻问题。总之,一切群众的实际生活问题,都是我们应当注意的问题。假如我们对这些问题注意了,解决了,满足了群众的需要,我们就真正成了群众生活的组织者,群众就会真正围绕在我们的周围,热烈地拥护我们。"②增强社会主义核心价值观的说服力和感召力的关键是核心价值观大众化必须要彻底,不回避现实问题,在解决现实问题中说服群众。因此,社会主义核心价值观大众化,要和解决民众的民生问题结合起来。"只要坚持把关心人民生活、改善民生作为党的工作重点,付诸实践,把社会主义价值追求落实于党的各项政策中,把人民群众创造的社会财富和改革发展的成果,按照社会主义核心价值目标让人民群众共享,使人民群众切身感受到社会主义核心价值体系与自身利益紧密相关,社会主义核心价值体系必然得到广大人民群众的广泛认同"③。党和国家要

> "人视水见形,视民知治不。"
> ——习近平《在群众路线教育实践活动第一批总结暨第二批部署会上的讲话》(2014年1月20日)引此语

---

① 《马克思恩格斯文集》第1卷,人民出版社2009年版,第286页。
② 《毛泽东选集》第1卷,人民出版社1991年版,第136—137页。
③ 吴东华:《理论与方法:社会主义核心价值体系大众化的探索》,《马克思主义研究》,2012年第11期。

始终把满足人民群众利益的多层次、多方面需要作为一切工作的出发点和落脚点,在改革、发展、创新中不断维护好、实现好广大人民的利益。只有使人民群众成为社会发展的最大受益者,才能真正推动社会主义核心价值观大众化有效进行。正因为如此,习近平指出:"我们的人民热爱生活,期盼有更好的教育、更稳定的工作、更满意的收入、更可靠的社会保障、更高水平的医疗卫生服务、更舒适的居住条件、更优美的环境,期盼着孩子们能成长得更好、工作得更好、生活得更好。人民对美好生活的向往,就是我们的奋斗目标。"

三、在群众性精神文明创建活动中践行社会主义核心价值观

精神文明,包含科学文化和思想道德两个基本方面。群众性精神文明创建活动始于20世纪80年代初全国各地开展的"五讲四美三热爱"即"讲文明、讲礼貌、讲卫生、讲秩序、讲道德,心灵美、语言美、行为美、环境美,热爱共产党、热爱祖国、热爱社会主义"的活动。1981年2月,全国总工会、共青团中央、全国妇联等9个群众团体在总结各地经验的基础上联合发出倡议,得到中共中央的支持,决定把这一活动推广到全党全民中去。中共十四届六中全会通过的《中共中央关于加强社会主义精神文明建设若干重要问题的决议》,对群众性精神文明创建活动的地位、作用和意义做了高度概括和充分肯定,强调党和政府的基层领导部门要切实地承担创建群众性精神文明领导责任。群众性精神文明创建活动,亦即人们平

> 汤曰:"予有言:人视水见形,视民知治不。"伊尹曰:"明哉!言能听,道乃进。君国子民,为善者皆在王官。勉哉,勉哉!"
> ——语出《史记·殷本纪》

常所说的精神文明创建活动,它是我国人民移风易俗、改造社会的伟大创造,在今天也是践行社会主义核心价值观的有效形式。

习近平在主持中共中央政治局第十三次集体学习时强调:"要把社会主义核心价值观的要求融入各种精神文明创建活动之中,吸引群众广泛参与,推动人们在为家庭谋幸福、为他人送温暖、为社会作贡献的过程中提高精神境界、培育文明风尚。"

1. 积极拓展社会主义核心价值观践行新载体

唱响市民幸福谣,用"三个倡导"核心价值观丰富群众精神生活。群众心里的幸福是平淡的、朴实的。幸福是一种满足、满意,是对未来充满着渴望和梦想。幸福就是一家人团团圆圆、事业顺利、生活健康而富足。幸福的人健康勤俭,知书达理;对他人真诚体贴,包容友善;对生活充满热爱,豁达乐观;对社会敢于担当,尽职尽责;对国家一腔热忱,遵纪守法。当前市民生活水平不断提高,业余生活日益丰富,用什么样的价值观念去引领这一丰富的精神生活,必然会带来什么样的生活方式。社会主义核心价值观是引领群众精神生活的指南。社会越发展,人的精神世界越丰富,伴随城市化的发展,城市基础设施建设有序跟进,市民在享受城市发展的同时也享受着城市发展带来的丰富文化。在"三个倡导"核心价值观的引领下,市民必然受到社会主义先进健康的精神文化的熏陶,丰富着自己的精神世界,增强着自己的精神力量,促进自身和社会更加文明和谐。

查议改"十大陋习",用"三个倡导"核心价值观促进文明

> "治理之道,莫要于安民;安民之道,在于察其疾苦。"
> ——习近平《在中央政治工作会议上的讲话》(2014年1月7日)引此语

行为养成。扎实推进查议改"十大陋习"。通过治理不文明行为,重点抓好在公共场所吸烟、随地吐痰、乱扔垃圾等行为,大力整治"十大陋习"。积极引导市民重细节、塑品行、树形象的精神风貌,拓展监督渠道,加大监督力度,运用媒体手段和调动全社会共同参与对不文明行为实施全面监督,同时开展集中整治和专项治理,促使市民自觉履行社会责任,遵守社会公德。良好社会风貌的养成,离不开正确价值观的引领,在"三个倡导"核心价值观的引领下稳步推进社会主义核心价值观大众化。社会主义核心价值观大众化是一项基础工程更是一项灵魂工程,是全社会的共同责任。通过对"三个倡导"核心价值观的宣传教育、示范引领、行为养成、政策保障、法律约束和制度规范使社会主义核心价值观融入到人们生产生活和精神世界,贯穿国民教育的全过程,体现于人们的日常行为中,促使社会成员对社会主义价值观内化于心、外化于行,成为人们的自觉行动。

实施"市民素质提升行动计划",切实提高市民思想道德水平。市民素质是指一个城市的市民在思维方式、价值信仰、道德心理、知识能力、审美情趣和生理状况等方面形成的集体人格,市民素质以文化素质为基础、思想道德素质为核心,是一座城市软实力和竞争力的核心要素之一。市民素质的高低最直接地反映了一个城市的文明和包容。

实施"市民素质提升行动计划"是把提高国民综合素质作为落实科学发展观的战略任务、贯彻科教兴国战略、践行社会主义核心价值观的具体体现,市民素质的提升需要一些抓手,积极开展精神文明创建活动、文明社区创建活动、优秀模范人物评选、公益教育培训等是提升市民思想道德水平和社会文

> "治理之道,莫要于安民;安民之道,在于察其疾苦。"
> ——语出明人张君正《答福建巡抚耿楚侗》

> "吃百姓之饭,穿百姓之衣,莫道百姓可欺,自己也是百姓;得一官不荣,失一官不辱,勿说一官无用,地方全靠一官。"
> ——习近平《在同菏泽市及各县区主要负责人座谈会上的讲话》(2013年11月27日)引此语

明水平的有效途径。新时期、新形势下市民思想道德水平的提升具有长期性、复杂性、艰巨性。我们要切实增强思想道德建设的历史感、责任感和使命感,把公民道德建设放在更加重要的位置,弘扬社会主义核心价值观,组织开展道德实践活动。

弘扬践行"城市精神",大力激发广大市民团结奋进的精神力量。城市精神是城市之魂,综合反映市民文明水平和道德修养,精确表达城市意志品质和文化特色,全面体现市民认同的精神价值和共同追求。城市精神和社会主义核心价值观的统一关系,由其内在特征所决定。从内容构成上,两者蕴含在社会主义核心价值体系之中;从功能上,两者都是社会发展的牵引力和凝聚力、个体人生境界的驱动力和约束力;从思想资源看,两者都以中华优秀传统文化和社会主义先进文化为基础。城市精神的提炼和弘扬过程就是推进社会主义核心价值观培育和践行的过程。社会主义核心价值观的实现不能只是宏观的布局,还必须下放到具体的实践中去。贴近民众的实际需要,社会主义核心价值观的具体实现,需要联系地方的实际情况,在各地落地生根,开花结果,唯有如此才有实效。对城市精神的探索和实践,是推动社会主义核心价值观的实践化、特色化和具体化的一条重要途径。坚持践行社会主义核心价值观,形成同城市经济社会文化发展实际相结合,与市民现实需要相一致的独具特色的城市精神是推动城市发展的灵魂。在城市长期发展积淀下形成的城市精神,对外树立形象、对内凝聚人心,是全市上下团结一致、共谋发展的精神食粮。弘扬践行城市精神必然成为引领城市发展的价值内核,成为引导人、塑造人、鼓舞人、团结人的强大精神动力。

2. 扎实开展"中国好人"和"道德榜样"的评选和推介工作

强化先进典型示范引领,积极倡导崇德向善的社会风尚。榜样的力量是无穷的,在社会主义道德建设过程中,通过先进典型的榜样示范不断传递正能量。要积极开展"中国好人"和"道德榜样"等评选和推介工作,表彰先进典型,深入开展向先进典型学习的活动,扎实推进社会道德风尚建设,营造并倡导崇德向善的社会风尚,"见贤思齐焉,见不贤而内自省",凝聚道德力量,努力开创道德建设新局面。同时健全机制,探索思路,广泛调动广大群众参与的积极性,促进公民道德水平不断提高。

对"中国好人"和"道德榜样"的评选通过组织发动和网络宣传相结合、围绕培育和践行社会主义核心价值观的内在要求,在社会中弘扬尊老爱幼、见义勇为、邻里和睦、热心公益等风气,对好人好事加大宣传力度,让好人事迹"上荧屏、入校园、进社区、到广场",通过多种形式多种渠道参与评选,激发人们的参与度,尤其利用网络传媒等扩大宣传面和社会影响力。同时对于当评人员开展分享交流活动,传递崇德向善力量。分享当评人员敢于有梦、勇于追梦、勤于圆梦的感人故事,传递社会主义核心价值观。

不断深化群众性精神文明创建和志愿服务,扎实推进市民自我教育与道德实践。群众性精神文明创建务求做到贴近基层、贴近群众、贴近生活。真正服务群众、方便群众的文明创建活动必然得到群众的拥护。具有可行性、有效性的精神文明创建和自愿服务活动是市民参与道德实践活动的有效载

> "吃百姓之饭,穿百姓之衣,莫道百姓可欺,自己也是百姓;得一官不荣,失一官不辱,勿说一官无用,地方全靠一官。"
> ——语出河南南阳内乡县衙对联

体。积极打造符合城市发展定位的文明创建和志愿服务品牌活动能够增强城市的凝聚力,成为市民践行社会主义核心价值观的自觉行为。围绕创优美环境、优良秩序和优质服务,聚城市力量,展城市精神的精神文明创建活动和志愿服务文化的培育将会不断激发市民参与文明创建的积极性。作为群众参与的公益活动,要充分考虑群众的心声,以群众认同为前提,以群众受惠为目标,以群众参与为基础,让群众切实感受到参与创建的意义和价值。

> "利民之事,丝发必兴;厉民之事,毫末必去。"
> ——习近平《在群众路线教育实践活动第一批总结暨第二批部署会上的讲话》(2014年1月20日)引此语

3.努力营造践行社会主义核心价值观的良好社会环境

坚持以现代文化为引领,在广大群众中形成自觉践行社会主义核心价值观的思想共识。文化作为一种精神力量对社会的发展具有深刻的影响,文化深深熔铸在民族的生命力、创造力和凝聚力中,社会主义核心价值观属于先进文化的范畴,具有推动经济发展和社会进步的巨大作用,对于民族精神的培育、健全人格的塑造和良好社会环境的培育起着不可替代的作用。当前,积极推动广大群众自觉践行社会主义核心价值观将直接发挥社会主义先进文化精髓的力量。

以现代文化为引领,大力弘扬社会主义核心价值观,是良好社会环境培育的必然选择。要充分认识到文化宣传工作的重大意义,采取多种方式发挥文化宣传工作对于推动经济发展、引导人民思想、培育社会风尚、促进社会和谐等方面的重要作用。以现代文化为引领,运用全新的思路和举措,积极发挥舆论宣传主阵地作用,使社会主义核心价值观深入人心,凝聚共识。

人民群众是社会主义核心价值观践行的主体,社会主义核心价值观宣传和践行,要发动和组织人民群众。人民群众对事物的接纳程度反映了该事物的正确与否。所以社会主义核心价值观的培育践行要做好宣传,宣传有助于人们对社会主义核心价值观的认识。然而真正让群众把社会主义核心价值观内化为自觉的行动,光靠宣传远远不够,还必须能给群众带来实实在在的利益,让他们在这一价值引领下的生活感到幸福。为此,要多倾听群众呼声,尊重群众首创,在群众创造的基础上,在贯彻落实社会主义核心价值观上多下功夫、务求实效。积极推进文明城市、文明村镇、文明单位、文明家庭等创建活动,实现在社会主义核心价值观引领下的社会环境大改观。

重视发挥媒体道德宣传作用,努力营造文明和谐的文化氛围。现代传媒以其独有的特点在社会生活中发挥着越来越大的作用。新闻媒体是传播社会主流价值的主渠道,也担负着传播社会主义核心价值观重任。如何发现和挖掘与社会主义核心价值观内涵相一致的新闻事件,切实做好传播社会主义核心价值观的工作,新闻媒体首先要从自己做起,以社会主义核心价值观来规范和约束自己的行为,提高媒体从业人员的思想和道德素质。日常宣传工作需贯穿社会主义核心价值观,弘扬主旋律,不断扩大积极健康向上的主流思想舆论的影响。

互联网时代人们的价值观念受到极大的影响。面对这种变化,培育和践行社会主义核心价值观需要新闻宣传等部门及时做出调整,正面应对变化了的现实,顺应历史发展的进步潮流,适应互联网快速发展的形势,认识、尊重和运用网络传播的规律,把社会主义核心价值观体现到网络宣传、网络文

"圣人之治天下,利民之事,丝发必兴;厉事之事,毫末必去。"
——语出清人万斯大《周官辨非》

化、网络服务中,用正面声音和先进文化占领网络阵地,形成良好的网上舆论环境,集聚网上舆论引导合力。

扎实推进社会主义核心价值观大众化,营造良好的社会环境需要多方面共同努力,每一个社会公民、社会团体、社会阶层都应为此做出自己的不懈努力。为实现中国特色社会主义现代化强国,实现中华民族复兴的中国梦奉献自己的智慧和力量!

> "一花独放不是春,百花齐放春满园。"
> ——习近平在《共同创造亚洲和世界的美好未来》引此语

≫学习思考题≫

1. 为什么要推进社会主义核心价值观大众化?
2. 什么是群众性的精神文明创建活动?
3. 在群众性精神文明创建活动中践行社会主义核心价值观的意义和方法有哪些?

后 记

本书是为广大读者学习和践行社会主义核心价值观及满足推动社会主义核心价值观大众化的需要而编写的。承担编写任务的多是高等学校长期从事相关专业教学与研究的专家,他们分别是:安徽师范大学钱广荣(绪言);安徽师范大学郭理、赵冰(第一章);安徽科技学院吴贵春、王有炜(第二章);滁州学院汪才明、陈晓曦(第三章);安徽农业大学黄洪雷、安徽大学邓丰(第四章);阜阳师范学院朱宗友、李涛(第五章)。钱广荣、吴贵春、汪才明负责起草和修订编写大纲,卢少求参加了大纲的讨论与修订,张传文参加了书稿部分内容的修改。全书最后由钱广荣修改定稿。

在中共安徽省委宣传部、安徽省委教育工委、中共安徽大学党委等相关单位的大力支持与指导下,本书编写工作进展顺利,编写过程中借鉴了相关著述成果,安徽大学出版社社长陈来教授、副总编辑朱丽琴编审、责任编辑卢坡等为编写人员提供了诸多便利条件。在此,一并表示诚挚的谢意。

编　者

2014 年 9 月